❸ 스스로 활동해 보세요

이 시리즈는 단지 지식을 전달하기 위한 교양서가 아니에요. 어린이 여러분이 교과서로 수업 시간에 배운 내용을 실제 현장에서 직접 체험하며 익힐 수 있도록 다양한 활동 내용을 담았지요. 책 중간이나 뒷부분에 이해를 돕기 위한 활동이 있으니 꼭 스스로 정리해 보세요.

❹ 견학 후 활동이 다양해요

체험학습 후에는 반드시 견학 후 여러 가지 활동을 해 보세요. 보고서 쓰기, 신문 만들기, 그림 그리기 등을 통해 체험학습에서 보고 들은 내용을 다시 한번 정리하면 알찬 체험학습이 될 거예요.

신나는 교과 체험학습 45

아름답고 세련된 백제 문화가 살아 있는 곳 국립공주박물관

초판 1쇄 발행 | 2007. 7. 16.
개정 3판 4쇄 발행 | 2023. 11. 10.

글 신창수 | **그림** 윤혜원 김순남

발행처 김영사 | **발행인** 고세규
등록번호 제 406-2003-036호 | **등록일자** 1979. 5. 17.
주소 경기도 파주시 문발로 197(우10881)
전화 마케팅부 031-955-3100 | 편집부 031-955-3113~20 | 팩스 031-955-3111

값은 표지에 있습니다.
ISBN 978-89-349-9659-0 64000
ISBN 978-89-349-8306-4 (세트)

좋은 독자가 좋은 책을 만듭니다. 김영사는 독자 여러분의 의견에 항상 귀 기울이고 있습니다.
전자우편 book@gimmyoung.com | 홈페이지 www.gimmyoungjr.com

어린이제품 안전특별법에 의한 표시사항
제품명 도서 제조년월일 2023년 11월 10일 제조사명 김영사 주소 10881 경기도 파주시 문발로 197
전화번호 031-955-3100 제조국명 대한민국 ⚠주의 책 모서리에 찍히거나 책장에 베이지 않게 조심하세요.

아름답고 세련된 백제 문화가 살아 있는 곳

국립공주 박물관

글 신창수 그림 윤혜원 김순남

주니어김영사

차례

국립공주박물관에 가기 전에

미리 준비하세요

1. **준비물** 필기도구, 사진기, 《국립공주박물관》 책
2. **옷차림** 박물관은 실내이니 가볍고 편하게 입어요.
   가방은 활동하기 편한 것으로 준비해요.

미리 알아 두세요

관람 시간	오전 9시 ~ 오후 6시(주말, 공휴일 관람시간 동일)
관람료	무료
휴관일	매주 월요일, 1월 1일, 설날, 추석
문의	전화 (041) 850-6301
주소	충청남도 공주시 관광단지길 34
홈페이지	gongju.museum.go.kr

단체 전시 해설 프로그램 이용 시 일주일 전에 예약하면 된답니다.

가는 방법

대중교통을 이용해요
공주종합버스터미널에서 공주박물관까지 시내버스 101, 125번을 타고 가요.

승용차로 가요
고속도로에서 공주시로,
공주IC → 공주방향 우회전 → 백제큰다리 → 정지산터널 → 국립공주박물관
남공주IC → 공주방향 좌회전 → 공주경찰서 → 무령왕릉 → 국립공주박물관

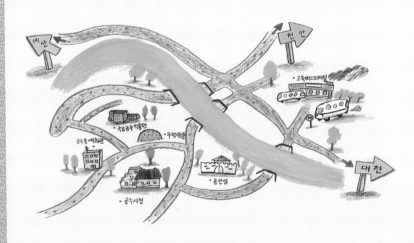

국립공주박물관은요 ······.

오늘 우리가 돌아볼 국립공주박물관은 어떤 곳일까요?

공주는 한때 백제의 도읍지로 백제 중흥을 꿈꾸던 곳이었어요.

하지만 관련 유물들이 제자리를 잃어버려 도읍지로서의 가치를 제대로 인정받지 못했어요. 일제 강점기 때 백제 유물들이 제자리를 잃어버리고 여기저기를 떠돌아 다녔던 것이 하나의 이유였어요.

그러다 수년의 시간이 흐른 뒤 땅속에 잠들어 있던 많은 유물이 한꺼번에 발견되었지요. 이 유물들을 보존하기 위한 '공주고적보전회'가 만들어졌고, 지금의 국립공주박물관에 이르게 된 거예요.

국립공주박물관에 가면, 웅진 시대의 다양한 백제 문화를 만날 수 있어요. 무엇보다 세상 사람들의 관심을 집중시켰던 무령왕릉의 찬란한 유물이 우리를 반길 거예요. 무령왕릉의 유물들은 한 장소에 발굴된 유물로는 국보로 가장 많이 지정받았어요. 지금은 충청남도의 지역 역사도 함께 볼 수 있답니다.

국립공주박물관을 둘러보는 것은 역사의 저편으로 사라진 왕국, 백제로 여행을 떠나는 일이에요. 자, 그럼 여행을 떠나 볼까요?

한눈에 보는 국립공주박물관

자, 이제 국립공주박물관을 돌아볼 준비가 되었나요? 박물관을 둘러보기 전에 먼저 어떻게 전시되어 있는지부터 알아보기로 해요.

국립공주박물관은 모두 두 개의 전시실로 꾸며져 있어요. 1층은 웅진백제 시대의 전반적인 문화를 살펴보는 웅진백제실이에요. 웅진백제기의 여러 유물을 비롯하여 아름다운 금제 장식품과 무령왕릉 유물로 가득 채워져 있답니다. 2층에는 구석기 시대부터 조선 시대까지의 충남 역사에 따른 문화를 보여 주는 충청남도 역사문화실입니다. 충청남도 지역만의 문화가 어떠한지 알아볼 수 있어요.

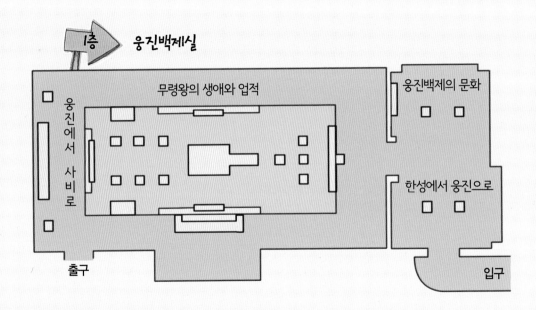

◎ 한성에서 웅진으로
백제가 한성에서 웅진으로 천도할 수 있었던 다양한 요인들을 살펴볼 수 있습니다.

◎ 웅진백제의 문화
웅진백제의 종교와 대외 교류 등 찬란한 백제 문화를 살펴볼 수 있습니다.

◎ 무령왕의 생애와 업적
무령왕릉 내부를 원래대로 배치하여 무령왕릉을 실감나게 체험할 수 있습니다.

◎ 웅진에서 사비로
백제 토기의 변화 과정을 한눈에 구경할 수 있습니다.

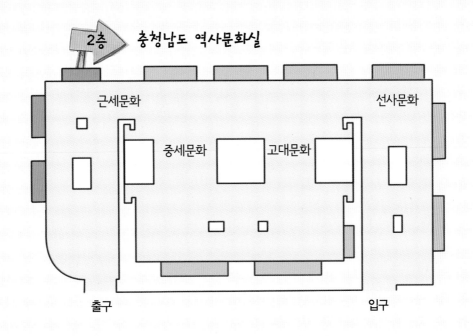

2층 충청남도 역사문화실

근세문화 선사문화

중세문화 고대문화

출구 입구

◈ 선사 문화
구석기, 신석기, 청동기 시대의 이동 생활과 정착 생활 과정을 살펴볼 수 있습니다.

◈ 고대 문화
마한과 고대 국가 백제의 성장을 알아볼 수 있습니다.

◈ 중근세 문화
관촉사 미륵불과 같은 대형 석불과 계룡산 철화 분청사기, 조선 시대의 호서예학 등 충청남도의 지역 문화를 살펴볼 수 있습니다.

이렇게 돌아보아요
1층 용원리, 부장리, 수촌리 유물 → 공산성, 송산리 유물 → 웅진백제 대외 교류 유물 → 무령왕릉실 → 무령왕릉 영상 → 무령왕릉 껴묻거리 유물 → 백제 토기 유물
2층 구석기 유물 → 신석기 유물 → 청동기 유물 → 방어 시설 유물 → 고대 국가 마한의 유물 → 철기 유물 → 국제 교류 유물 → 불교 유물 → 남북국 시대 유물 → 고려 시대 유물 → 조선 시대 유물

1층 웅진백제실

웅진백제 시기는 475~538년 동안 웅진을 도읍으로 삼았던 백제 시대로, 문화
발전이 가장 융성했던 기간이에요. 한성이 도읍지였던 한성백제, 웅진백제, 사
비가 도읍지였던 사비백제까지의 문화를 네 가지 전시 공간으로 나누었어요.

먼저, 〈한성에서 웅진으로〉 전시 공간에서는 한성에서 웅진으로 도읍을 옮길 수 있었던 배경의 중심 문화를 알아볼 수 있어요. 천안 용원리, 서산 부장리, 공주 수촌리 유적에서 출토된 유물들을 구경할 수 있어요. 〈웅진백제의 문화〉 전시 공간에서는 웅진백제 시대의 종교와 사상, 대외 교류 흔적 등을 엿볼 수 있어요. 왕이 살았던 공산성, 왕과 귀족들의 무덤이 모여 있는 송산리 고분군에서 출토된 유물들도 있지요. 〈무령왕의 생애와 업적〉 전시 공간은 무령왕릉에서 출토된 유물들을 모두 보여 준답니다. 발굴 당시의 무덤 모습과 똑같이 여러 유물을 그대로 배치해 놓았어요. 무령왕릉의 발굴은 역사학계는 물론 전 국민을 깜짝 놀라게 만들었던 사건이에요. 그 생생한 현장을 느낄 수 있을 거예요. 마지막으로 〈웅진에서 사비로〉 전시 공간에는 한성백제 후기부터 사비백제 초기까지의 백제 토기들이 빼곡히 전시되어 있어요. 시기와 지역에 따라 조금씩 다른 모양을 한 토기들을 한눈에 볼 수 있답니다.

자, 그럼 지금부터 소중한 웅진백제 유물들을 구경해 볼까요?

한성이 도읍이었던 백제 시대

⊛ 호족
재산이 많고 세력이 강한 집 안이에요.

전시실에 들어서면 제일 먼저 한성백제 시대를 만날 수 있어요. 한 성백제의 유물들은 지방 **호족**들의 무덤과 집터에서 발굴되었어요. 천 안의 용원리, 서산의 부장리, 공주의 수촌리 유적은 모두 웅진(지금의 공주)로 천도하기 이전 시기부터 각 지역에서 힘이 있었던 세력이 남 긴 것들이에요. 이곳에서 발견된 유물을 통해 한성백제 때 지방 호족 들의 문화를 엿볼 수 있지요.

용원리 유적은 4~5세기 천안 일대의 대규모 유적으로 널무덤과 돌 덧널무덤의 유적과 집터 같은 생활 유적도 발견되었어요. 귀족들의

⊛ 하사
임금이 신하에게 물건을 주는 것을 말해요.

무덤으로 추정되는 돌덧널무덤 안에서는 왕이 지방의 호족에게 **하사** 한 것으로 보이는 금동관모, 용봉황무늬 고리자루큰칼, 청자잔, 자기 항아리, 검은간항아리가 출토되었는데, 이는 한성백제의 중앙과 지방 호족과의 밀접한 관계를 알 수 있는 귀중한 자료들이에요.

용원리·부장리·수촌리 유물 비교하기

용원리 검은간항아리
천안 용원리 9호 돌덧널무덤에서 출토 되었어요. 검은간항아리는 한성백제기 에 새롭게 등장한 토기 형태랍니다. 흙 을 구울 때 그을음 효과를 이용해서 검 은 빛깔을 냈어요.

부장리 검은간토기
서산 부장리 유적 8분구에서 출토되 었어요. 좁은 입부분에 사선 문양이 새겨져 있는 것이 특징이에요.

수촌리 흑갈유항아리
공주 수촌리 4호 굴식돌방무덤에서 출토되었어요. 검은 유약이 칠해지지 않은 아래 몸체에 물레 자국이 선명하 게 남아 있어요.

부장리 유적은 4~5세기쯤 태안반도 일대에 자리
잡았던 세력이 사용한 무덤 유적으로, 마한 지역에
서 사용하였던 **분구 무덤**들이 많이 확인되었어요.
무덤 안에서는 용원리 유적의 호족들 무덤과 마찬
가지로 중앙에서 하사 받은 금동관모와 금동신발을
비롯하여 철제자루솥, 고리자루큰칼과 함께 검은간
토기 같은 중국 자기들이 출토되었어요. 중국에서
바닷길은 이용하여 중앙 귀족들과 긴밀한 관계를
유지하고 있었음을 알 수 있어요.

수촌리 유적은 웅진 지역에 기반을 둔 세력이 사
용했던 무덤 유적이에요. 이들은 웅진 **천도**에 도움을 주었던 호족 세력
들로 알려져 있어요. 출토 유물 가운데에는 중앙으로부터 하사된 금
동관모와 금동신발을 비롯하여 중국에서 수입된 흑갈유항아리와 금동
허리띠꾸미개 등 그리고 말장식으로 사용된 발걸이와 재갈 등이 함께
묻혀 있었어요.

금동관모

부장리 유적의 금동관모는 이마까지 내려
쓰는 금관이나 금동관과는 달리 고깔모
양으로 머리 위에 얹어 쓰고 끈으로 턱에
묶어 고정하는 것으로 쓰는 방법에 차이
가 있어요.

분구 무덤
주변에 도랑을 파서 매장 공
간과 형태를 갖춘 무덤이에요.

천도
도읍을 옮기는 것을 말해요.

용원리 고리자루큰칼
천안 용원리 1호 돌덧널무덤에서 출토되었어요. 고리 부분에는 봉황
의 머리 모양이 장식되어 있어요.

부장리 고리자루큰칼
서산 부장리 유적 12분구 묘에서 출토되었어요. 고리 부분에는 세
잎 모양이 장식되어 있어요.

수촌리 은입사 고리자루큰칼
고리 부분 확대

수촌리 고리자루큰칼
공주 수촌리 1호 덧널무덤에서 출토되었어요. 은판이 덧대진 고리
부분에는 용 두 마리가 새겨져 있어요.

웅진백제의 문을 열다

다음은 웅진백제 시대로 가 보아요. 웅진백제는 문주왕이 웅진으로 도읍을 옮기면서 시작돼요. 문주왕은 웅진에서 아수라장이 된 백제를 수습하기 바빴어요. 하지만 혼자 힘으로는 역부족이었고 국력과 왕권은 점점 땅에 떨어졌어요. 왕권을 위협하는 귀족들의 목소리가 너무 컸기 때문이에요. 그렇다고 백제를 세울 때부터 함께한 귀족들을 마냥 무시할 수도 없었어요. 고민 끝에 문주왕은 일본에 있는 동생 곤지를 불렀어요. 그러나 얼마 되지 않아 곤지가 귀족들에게 죽임을 당하고 문주왕마저 반란을 일으킨 귀족들에게 죽임을 당했지요.

그리고 뒤를 이은 삼근왕은 고작 열세 살이었어요. 문주왕을 살해한 귀족들 때문에 왕권이 다시 흔들리고 삼근왕 역시 왕위에 오른 지 2년 만에 알 수 없는 죽음을 맞이했답니다.

웅진백제 왕의 계보

문주왕 (비유왕의 둘째 아들, 개로왕의 아들)
↓
삼근왕 (문주왕의 맏아들)
↓
동성왕 (비유왕의 셋째 아들인 곤지의 아들)
↓
무령왕 (동성왕의 둘째 아들)
↓
성왕 (무령왕의 아들)

웅진백제의 역사

8
온조왕
마한 성립

260
고이왕
국가 체재를 정비함

384
침류왕
마리난타가 백제에 불교를 전함

475
문주왕
웅진 천도

―― 백제의 건국 ――

한성 시대
260-384

웅진 시대
475-523

B.C 18
온조왕
시조 온조 위례성에 나라를 세움

285
고이왕
왕인박사, 논어, 천자문 일본에 전달

372
근초고왕
동진에 사신 보냄 왜왕에게 칠지도 하사

501
무령왕
양나라에 사신 보냄

사비로 도읍지를 옮기다

삼근왕의 뒤를 이어 왕위에 오른 동성왕은 중앙 귀족들을 누르기 위해 지방 귀족들을 포섭했어요. 그리고 중국과 신라에 사신을 보내 동맹을 체결했지요. 하지만 연이은 가뭄과 홍수로 백성들은 더 굶주렸어요. 동성왕은 **곡창**을 풀어 백성을 구하자는 신하들의 말도 듣지 않았어요. 결국 전염병까지 돌고 백제는 또다시 혼란 속으로 빠져들었어요. 백성과 신하들의 마음은 이미 동성왕을 떠났고, 동성왕은 신하들에게 죽임을 당했지요.

하지만 그 뒤를 이은 무령왕은 배고픈 백성들을 위해 곡창을 활짝 열었어요. 뿐만 아니라 고구려하고 벌인 전쟁에서 연달아 승리를 거두지요. 그리고 무령왕은 중국 등 여러 나라와 교류하면서 외교 능력을 발휘해 백제를 강한 국가로 만들었어요. 이것이 발판이 되어 뒤를 이은 성왕은 한층 더 백제를 일으켜 세웠어요. 그래서 넓은 평야와 **천혜의 요새**를 갖춘 사비로 도읍지를 옮겼답니다.

자, 그럼 지금부터 웅진백제의 문화를 구경해 볼까요?

◉ **곡창**
곡식을 쌓아 두는 창고예요.

◉ **천혜의 요새**
자연적으로 만들어진 방어 시설이에요.

> 백제가 찬란한 문화를 꽃피우게 된 데는 무령왕과 성왕의 힘이 컸어.

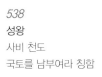
538
성왕
사비 천도
국토를 남부여라 칭함

592
위덕왕
왕실 사찰 목탑에 사리구 안치함 사리감 명문에 창왕 13년으로 나타남

634
무왕
왕흥사 준공 궁남지를 파고 정원을 꾸밈

660
의자왕
나당연합군에 의해 멸망

사비 시대
538-663

523
무령왕
지석 만듦

554
성왕
왜에 역박사 오경박사. 의학박사 보냄

592
위덕왕
백제 기술자들 왜 법흥사 불당 완성

654
의자왕
사택지적비 건립

11

귀족들의 생활을 살펴보다

귀족들의 무덤

귀족들의 무덤은 송산리 고분들 주변에서 주로 발견되었어요. 귀족들은 돔 모양 천장의 돌방무덤이나 벽돌무덤에 묻혔어요. 귀족들의 무덤에서도 많은 유물들이 출토되었답니다. 세발토기, 뚜껑접시 등이 나왔어요. 그리고 꽃모양이나 나뭇잎 모양의 장식품들, 달개나 반지와 같은 장신구들도 여러 무덤에서 출토되었지요. 이것으로 보아 귀족들 사이에서 이 장식들이 널리 유행한 것으로 보여요.

웅진백제는 63년이라는 짧은 기간에 웅진에 도읍하였으나 한성백제 시기 말기의 혼란을 수습하고 백제가 성왕대에 부흥할 수 있는 토대를 마련한 시기였어요. 웅진의 지방 귀족들과 결합한 백제는 강력한 왕권을 다지는 계기가 되었지요. 이 전시실에서는 왕궁이 있었던 공산성과 왕과 귀족들의 무덤이 모여 있는 송산리 무덤들에서 나온 유물들을 전시하여 웅진백제의 문화를 보여 준답니다.

그럼 중앙 귀족들의 생활은 어떠했을까요? 송산리 고분군의 유물들을 보면 귀족들의 생활 모습을 짐작해 볼 수 있어요. 송산리 고분군에는 무령왕릉을 비롯하여 웅진백제 시대 왕가의 무덤들이 있는데, 대부분 한성백제의 전통을 이어받은 굴식 돌방무덤이랍니다. 그런데 중국 남조로부터 새로 받아들인 무덤 양식이 있었어요. 바로 벽돌무덤 양식이지요. 웅진

송산리 고분
공주 시내가 한눈에 내려다보이는 곳에 자리하고 있어요. 백제의 왕들은 이곳에 묻혀 웅진을 내려다보며, 나라의 미래를 걱정했을 거예요. 그리고 백성은 이곳에 잠든 왕을 기리며 백제의 중흥을 바랐지요.

송산리 6호분
가루베가 무령왕릉으로 판단했던 무덤이에요.

무령왕릉
송산리 6호분을 감싸듯 자리하고 있어요. 배수로 공사 중 우연히 발견된, 세기의 왕릉이에요.

29호분

5호분

아래의 유물들은 모두 송산리 고분에서 발견되었어요.

쇠화살촉
화살통 안에 넣어진 형태로 출토되었어요. 먼
곳에 있는 것을 공격할 때 사용했어요.

동전무늬벽돌
동전 무늬가 옆면에 찍혀 있고, 무령왕릉
널방 아치 부분에도 사용되었어요.

화살통 꾸미개
화살통을 장식하는
장식품이에요.

색유리구슬
백제의 세련된 공예 기술을
엿볼 수 있어요.

백제 왕족들의 무덤은 처음에는 굴식 돌방무덤이었으나, 남조의 영향을 받으면서 무령왕릉이나 송산리 6호분과 같은 벽돌무덤으로 바뀌게 되었어요. 송산리 고분군은 일제 강점기 때 가장 큰 피해를 입었어요. 하지만 전해 내려오는 일부 유물만으로도 웅진백제의 수준 높은 문화를 충분히 짐작할 수 있답니다.

여기가 바로 무령왕릉이 있는 송산리 고분군이야.

무령왕릉은 백제의 역사를 고스란히 간직하고 있어.

4호분 3호분 2호분 1호분

웅진의 왕성, 공산성

한강 유역마저 고구려 장수왕에게 내어 주고 성왕 때 다시 도읍을 옮긴 웅진백제의 왕들은 어디에서 살았을까요? 고고학자들은 웅진백제의 왕들이 공산성 안에서 살았을 것으로 보고 있어요. 웅진의 왕성인 공산성은 웅진의 북쪽에 위치해 있어요. 이곳은 금강과 맞닿아 있는 천혜의 요새이지요. 공산성은 높이 110미터의 산에 자연지형을 그대로 이용해서 쌓은 산성이에요. 공산성이라는 이름은 조선 시대의 《동국여지승람》에 처음 나타나는데 백제의 옛 성으로 기록되어 있어요. 백제 시대에는 웅진성으로 불렸었지요. 공산성에는 백제 시대 궁궐이 있었던 곳으로 추정되는 왕궁지와 연화문와당, 토제벼루, 동제거울 등 많은 유물이 발견되었어요. 공산성은 처음 세워진 백제 시대에는 토성이었어요. 하지만 통일 신라 시대와 조선 시대를 거치는 동안 성을 여러 번 고치면서, 지금의 돌성이 된 것이지요.

벼루
토제 벼루로 공산성에서 발견되었어요.

공산성 추정 왕궁지

공산성

백제의 도성

백제의 왕성은 주로 강을 낀 곳에 자리를 잡았어요. 왜냐하면 강이 자연적으로 해자*의 역할을 해 주기 때문이었어요. 해자는 적의 침입을 막아 주는 아주 좋은 방어선이었어요. 한성백제의 도성은 풍납토성이었는데 이 역시 한강을 끼고 쌓았어요. 웅진백제의 도성인 공산성은 금강을 끼고 쌓았고, 사비백제의 도성인 부소산성은 백마강을 끼고 위치해 있지요. 백제는 성을 쌓을 때, 주로 흙을 다져서 토성을 쌓았어요. 이때 백제가 쌓은 토성은 아직도 남아 있어요. 서울에 있는 몽촌토성과 풍납토성, 부여에 남아 있는 나성과 부소산성이 대표적인 백제의 토성이에요. 그 당시 성을 얼마나 튼튼하게 쌓았는지 1500여 년이 지난 지금까지도 남아 있답니다.

*해자 성을 적의 침략으로부터 보호하기 위해 주위를 파서 물을 채워 넣은 것이에요.

여기서 잠깐! 〈양직공도〉에 나타난 백제 사신을 찾아라!

옆에 보이는 그림은 양직공도의 백제 사신이랍니다. 양직공도는 중국 양나라의 원제인 소역이 그린 사신도예요. 그 당시 백제의 국제 교류를 이해하는 데 귀중한 자료랍니다. 526~536년경에 양나라에 파견된 외국인 사절을 그리고 해설했는데 지금의 양직공도는 송나라 때 다시 그린 것이고, 그나마도 일부가 불타 없어졌어요. 지금은 13국의 사신 그림과 기록만 남아 있어요. 사신의 모습과 옷차림 등 각 나라의 특색이 잘 나타나 있어요. 그림에 쓰여 있는 글씨의 내용은 그 나라의 상황과 중국과의 왕래 사실을 설명했어요.

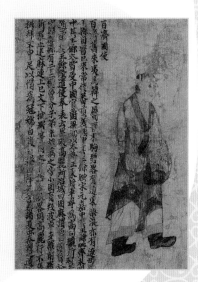

양직공도
백제 사신 부분이에요. 당시 백제 사신의 모습과 옷차림을 알 수 있어요. 중국 남경박물원 소장.

외국과 활발히 교류하다

국제도시의 면모를 갖추어 나갔던 웅진백제는 서해안을 중심으로 중국과 일본을 잇는 뱃길을 통해 문화 교류를 주도했어요. 이는 백제의 수준 높은 문화 덕택에 가능한 일이었어요. 뱃길을 따라 들어온 서역과 중국의 선진 문물들이 백제 문화에 녹아들었고, 이것이 신라, 가야, 일본 등으로 전파되어 새로운 문화로 태어났어요.

그럼 지금부터 백제가 국제도시였음을 알려 주는 유물들을 만나 볼까요?

선진 문물을 받아들이다

웅진백제의 도읍지였던 웅진은 당시 국제도시로써 손색이 없었어요. 백제와 중국의 공식적인 교류는 4세기 후반 근초고왕 때부터 시작되었어요. 청자, 금동 허리띠장식, 청동용기 등이 모두 **중국 남조**로부터 수입한 것들이지요. 그 뒤 백제는 고구려와 벌인 싸움에서 도읍지를 잃고 잠시 교류를 멈추었으나, 웅진백제가 안정을 찾아가면서 다시 국

> ◉ **중국 남조**
> 중국 남북조 시대 5~6세기 경에 양쯔강 하류 지역을 차지하고 남경을 수도로 했던 4왕조를 말해요. 백제와 교류가 많았지요.

국제교류를 짐작하게 하는 유물들

흑유병
바탕흙 안에 철분 함유량이 많아 짙은 간장색을 띠어요.

흑유 닭모양 항아리
닭모양 항아리는 중국 남조에서 만들어진 것으로 추정돼요. 백제 왕실에서 수촌리 세력에게 하사하려고 가져온 것이에요.

오수전
무령왕릉에서 발견된 오수전은 당시의 화폐로서 한나라 때부터 만들어져 수나라 때까지 오랫동안 사용된 고대 중국의 대표적인 동전이에요. 만들어진 시기는 523년으로 무령왕이 돌아가신 시기예요. 그래서 왕의 죽음과 새로운 왕의 등극을 알리려 524년에 중국 양나라로 들어간 사신이 중국에서 가져온 것으로 생각해요.

제 무대에 등장했어요. 특히 무령왕 때에는 양나라와 활발한 교류가 이루어져 양나라의 왕으로부터 '영동대장군백제왕'이라는 **작호**를 받을 정도였어요.

◉ **작호**
관직에 있는 사람에게 내리는 칭호예요.

다시 외국으로 문화를 전파하다

백제는 동북아시아 국가 중 문화가 가장 발달한 중국과 일찍부터 교류하면서 받아들인 선진 문물을 독특한 백제 문화로 활짝 꽃피웠어요. 그리고 백제의 문화는 다시 신라와 가야, 일본에까지 전파되었지요. 이들 나라들에서도 비슷한 유물이 출토된 것을 보면 알 수 있지요. 특히 일본 시가현의 가부토야마고분에서 출토된 것으로 추정되는 청동거울의 경우는 무령왕릉에서 출토된 것과 무늬는 물론 크기도 똑같아서 이미 있었던 거울을 점토로 틀을 떠서 한꺼번에 만든 거울이에요.

여기서 한 가지 주목할 점은 백제가 이웃 나라에서 받아들인 문물도 훌륭하지만, 백제의 문물을 받아들인 이웃 나라의 문물이 더 우수하다는 거예요. 이는 백제가 외국의 문물을 훌륭히 소화하여 이웃 나라에 전파했다는 것을 뜻하지요. 그래서 백제를 우아하고 세련된 문화의 나라라고 한답니다.

청동거울

이웃 나라와의 관계

백제는 이웃 나라와 활발하게 문화를 주고 받았어요. 그런 데에는 숨은 뜻이 있었어요. 북쪽에 있는 고구려를 견제하고 싶었던 거예요. 중국의 남조 중 하나인 양나라도 북조를 견제하려고 백제와 손을 잡았어요. 그것은 신라도 마찬가지였어요. 이렇게 백제는 때로는 친구가 되었다가, 때로는 적이 되기도 하는 과정을 거치면서 발전해 나갔어요.

여기서 **잠깐!**

벽돌에 새겨진 글씨의 뜻을 알아보아요.

이 유물은 송산리 고분군 6호분 무덤에 쓰인 벽돌이에요. 이는 백제가 중국 남조인 양나라와 문화를 교류 했다는 사실을 알 수가 있어요.
이 벽돌을 전시실에서 찾아보고 뜻을 써 보세요.

梁官瓦爲師矣

_____

_____

양관와위사의
새김전돌

☞ 정답은 56쪽에

무령왕은 어떤 사람일까?

왕위에 오르기 전 무령왕의 이름은 '사마'였어요. 무령왕은 일본의 '가카라'라는 섬에서 태어났는데, 사마는 일본 말로 섬인 '시마'의 옛말이에요. 또 다른 이름은 '융'이었어요. 묘지석에 쓰여진 '영동대장군'은 중국 양나라에서 무령왕에게 준 이름이에요.

무령왕 흉상

무령왕은 삼국사기에는 동성왕의 둘째 아들로 나와 있는데, 그는 아마도 곤지의 아들로 동성왕의 이복형일 가능성이 높아요. 그러나 굳이 자신의 큰아버지인 개로왕의 아들인 것처럼 연결시킨 이유는 정통성의 확보가 목적이었을 것으로 생각해요.

무령왕은 무엇보다 흩어진 민심을 잡고 백제를 다시 일으키려고 노력했어요. 굶주린 백성들에게 곡식을 나누어 주며, 저수지를 만들어 둑을 쌓아 백성들이 농사를 지으며 정착할 수 있게 했어요. 그 이렇게 민심을 안정시키면서 나라를 부강하게 하고, 외국과의 활발한 교류를 하며 무령왕은 백제 중흥의 기초를 다졌답니다. 이러한 무령왕이 이룩한 업적은 그의 아들 성왕 때에 이르러 백제의 부흥기를 이룰 수 있게 하는 디딤돌이 되었다고 할 수 있어요.

◉ 정통성
왕으로 인정받는 것이 타당하다는 근거예요.

무령왕릉 구조

무령왕릉은 전형적인 굴식 벽돌무덤이에요. 굴 모양의 널방과 널길을 만들어 천장을 아치형으로 마감했어요. 이는 중국 남조 양나라의 무덤 양식이에요. 기술자들은 아치형 천장을 쌓기 위해 철저한 계산

을 하고 설계도를 그렸어요. 각진 사다리
꼴 벽돌을 쌓아 아치형 천장을 만들고,
다 쌓은 뒤 받침을 빼면 벽돌끼리 아치
모양을 유지한답니다.

그럼, 무령왕릉의 구조를 자세히 살펴
볼까요.

무덤의 내부는 널방과 널길 배수로로 이루어져 있어요.

무령왕릉의 벽돌

벽돌무덤은 옛날 낙랑군과 대방군이 자리 잡았던 우리나
라 서북 지방에서 처음으로 나타나지만, 이 세력이 고구려
에 의해 중국으로 쫓겨난 뒤에 우리 조상들은 벽돌무덤은
사용하지 않았어요. 무령왕의 무덤에 갑자기 벽돌무덤이
등장한 것을 보면 이와 같은 무령왕릉을 만들 때 당시 백
제와 친밀한 관계를 유지하고 있던 중국 남조, 특히 양나라
의 영향이 많았던 것으로 보여요.

연꽃무늬벽돌
연꽃 무늬가 절반씩
새겨진 벽돌 두 장이
하나로 합쳐 하나의
연꽃이 되지요. 그래
서 널방의 벽과 천장
은 온통 연꽃으로가득
하답니다.

등감
등잔을 올려 놓는 곳이에요. 동쪽과 서쪽 벽에
2개, 북쪽 벽에 1개의 등감이있어요. 등감 안에
는 타다만 심지가 담긴 청자 등잔이 발견되었
어요.

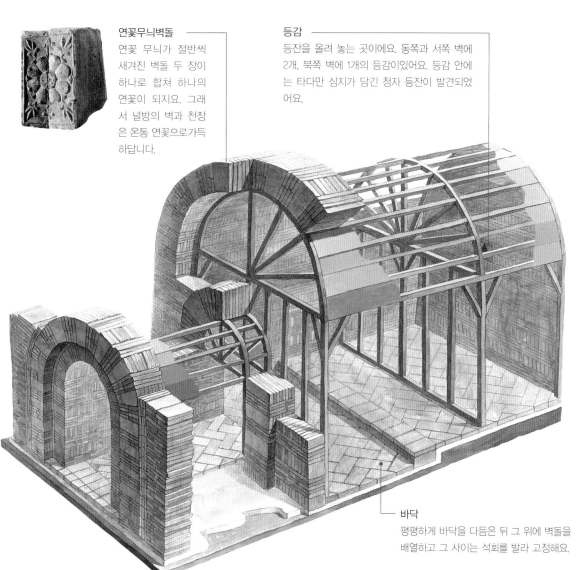

바닥
평평하게 바닥을 다듬은 뒤 그 위에 벽돌을
배열하고 그 사이는 석회를 발라 고정해요.

무령왕릉의 구조

무령왕릉 속으로

무덤을 지키는 수호신, 진묘수

진묘수

국립공주박물관에 들어오면 마당에 커다란 돌짐승이 있어요. 박물관 뿐만 아니라 무령왕릉 입구에서 눈을 빛내고 서 있던 돌짐승인 '진묘수'예요. 가까이 다가가서 한번 살펴볼까요? 코와 입이 아주 뭉툭해요. 그리고 지금은 많이 희미해졌지만 입술에는 붉은 색 자국이 남아 있고, 눈과 귀는 툭 튀어나왔어요. 몸은 통통하고 다리는 짧고, 등에는 네 개의 날개가 달려있어요. 정수리에는 멋진 쇠뿔까지 꽂혀 있지요. 이 돌짐승은 상상 속 동물이어서 어떤 짐승인지는 알 수 없어요. 다만 무덤을 지키는 수호신이라는 것과 진묘수라는 이름만 알 뿐이에요. 진묘수는 굉장히 도전적인 자세로 서 있어요. 어깨는 한껏 움츠리고 엉덩이는 뒤로 쑥 뺐지요. 무덤 안으로 침입자가 들어오면 당장이라도 달려들 것처럼 말이에요.

무령왕릉 내부의 유물 출토 상황

무령왕릉 발굴 당시 무덤의 내부 모습을 그린 것이에요. 중국에서 건너온 것으로 보이는 청자 항아리와 중국의 동전인 오수전 등이 있었어요.
과연 무령왕과 왕비가 처음 안장되었을 당시의 모습은 어땠을까요? 비록 서툰 발굴로 정확한 기록은 남아 있지 않지만 그 상황을 재현한 그림을 보면서 당시를 상상해 보아요.

청자뚜껑단지

금동 밥그릇과 수저

청자단지

금동 밥그릇과 수저

왕의 묘지석

오수전

왕비의 묘지석

무덤의 주인을 알리는 묘지석

무덤의 널길을 따라 들어가면 묘지가 있는 널방이 있는데, 그 사이에 동전이 놓인 묘지석이 있어요. "영동대장군백제사마왕"이라고 쓰여 있지요. 무령왕릉에서 발견된 묘지석을 통해 어떤 역사적 사실을 알 수 있었을까요? 첫째, 무령왕릉은 삼국 시대 왕릉 중 무덤 주인이 밝혀진 유일한 무덤이에요. 무덤 주인이 누구인지 분명하기 때문에 역사를 시대 순으로 엮어 볼 수 있답니다. 둘째, 당시의 장례 풍습을 엿볼 수 있어요. 무령왕릉에서 발견한 매지권은 죽음과 무덤에 대한 당시 백제 사람들의 생각을 알려 주지요. 매지권에는 땅의 신에게 무덤을 만들 땅을 샀다고 기록되어 있어요. 살아서 막강한 권력을 누린 한 나라의 임금도 땅에 묻힐 때에는 신에게 허락을 구한 것이지요. 그 값으로 중국 양나라 동전인 오수전을 올려놓았어요. 이 풍습은 당시 중국에서 유행하고 있었어요. 셋째, 무령왕릉에서 오수전이 발견되면서 백제와 중국 양나라가 이 시기에 밀접한 교류를 하고 있었음을 알게 되었어요. 몇 글자 안 되는 기록 하나가 우리에게 백제 역사의 중요한 부분을 밝혀낼 수 있는 근거가 된 것이지요.

자, 그럼 왕과 왕비의 유품들은 하나하나씩 자세히 살펴볼까요?

◉ **매지권**
죽은 사람이 묻힐 땅을 사고 판 증서를 말해요.

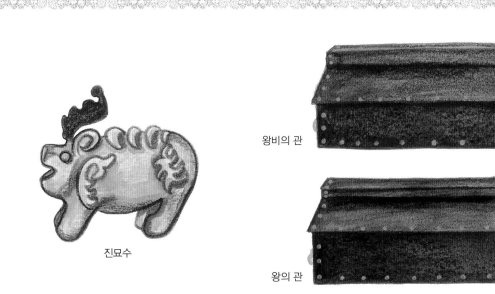

왕비의 관

왕의 관

진묘수

무령왕의 껴묻거리

　무령왕릉 발굴 당시의 일이에요. 세 평 남짓한 작은 널방에 두 개의 관이 나란히 놓여 있었어요. 두 개 다 세월의 무게를 이기지 못해 무너져 있었지요. 그리고 1400여 년의 시간을 간직한 무덤의 모습은 놀라운 광경이었어요. 그토록 오랜 세월이 지났어도 유물들은 빛을 발하고 있었거든요.

　자, 전시관 중앙에서 동굴 속으로 들어가는 듯한 무령왕릉실으로 입장해서 왕의 껴묻거리부터 둘러보기로 해요. 전시실 왼편에 무령왕릉 유물 디지털 돋보기와 무령왕릉 출토품 배치도가 있으니 먼저 보고

왕의 껴묻거리

뒤꽂이

금제관식

베개

환두대도

금제뒤꽂이
무령왕의 머리 부분에서 발견되었어요. 날개를 펴고 하늘을 나는 새를 닮았어요. 머리 모양을 고정하면서 머리를 화려하게 꾸미는 장신구예요. 얇은 금판을 두드려서 무늬를 만들었어요.

장도

탄목
불탄 나무가 오랜 시간이 지나 단단해진 석탄의 일종이에요. 이것을 장기알처럼 깎고 테두리에 금판을 감았어요. 그리고 금테 양쪽에 구멍을 뚫어서 잇고 목걸이를 만들었어요. 나쁜 기운을 물리치고, 무덤을 보호하는 의미가 담겨 있어요.

왕의 귀걸이
신라와 일본에서도 이와 비슷한 귀걸이가 출토되었어요.

금동신발

발받침

전시실을 둘러보아도 좋아요.

가장 처음 우리 눈을 사로잡는 것은 왕의 금제관식이에요. 중국 역사책인 《구당서》에는 백제왕에 대해 이렇게 기록했어요.

"왕은 검은 천으로 된 관에 금꽃을 장식하고……."

아마도 이 금제관식은 평소 무령왕이 사용했던 검은 비단 모자 양쪽에 꽂았던 것 같아요. 인동당초를 본떠 만들었는데 마치 불꽃처럼 타오르는 것이 아름답게 보이지요. 그런데 좌우가 비대칭이어서 역동적으로 보인답니다. 왕의 금동신발을 찾아볼까요? 무척 큰 신발이에요. 길이가 무려 35센티미터나 되니 말이에요. 무령왕은 발이 무척 큰 사람이었을까요? 이 금동신발은 무령왕이 평소 신었던 신발이 아니랍니다. 왕의 힘을 나타내는 상징물이지요. 평소 신는 가죽 신발에 덧대 신었던 부장품이에요. 바닥에 뾰족뾰족한 침이 섬뜩하기도 하고, 왕의 위엄으로 느껴지기도 해요. 이외에도 발굴 당시 무덤 안에는 무령왕이 살았을 때 썼던 여러 가지 부장품들이 있었답니다.

◈ **인동당초**
인동당초는 덩굴식물이에요. 끊임없이 이어지면서 생명력을 지속하기 때문에 왕의 장수를 뜻해요.

◈ **부장품**
장사 지낼 때, 시신과 함께 묻는 물건이에요.

무령왕의 금동신발

여기서
잠깐!

문양의 주인을 찾아라!

높은 신분을 상징하는 고리자루가 달린 큰칼이 왕의 왼쪽 손에서 발견되었어요. 다음 중에 고리자루가 달린 큰 칼에 등장하지 않는 동물 문양은 무엇일까요?

① 용 　　② 봉황 　　③ 현무

▶도움말
용이나 봉황을 신성하게 여겼답니다.

왕의 환두대도

☞정답은 56쪽에

무령왕비의 껴묻거리

무령왕이 묻힌 뒤 무령왕릉의 문은 딱 한 번 열렸답니다. 바로 왕비의 관이 들어가던 날이에요. 왕비는 무령왕이 **승하**하고 3년이 지나 세상을 떠났어요. 그 뒤 무령왕릉은 다시 문을 닫고 역사의 저편으로 고요히 잠들었지요.

왕비의 유물들도 함께 살펴볼까요? 왕비의 관에는 왕보다 더 많은 부장품들이 있었지만 그보다 더 관심을 끄는 것이 있었어요. 바로 왕비의 어금니로 추정되는 치아예요. 어때요, 신기하지 않나요? 1400년

> **승하**
> 왕이 죽었을 때 높여 부르는 말이에요.

왕비의 껴묻거리

왕비의 금제관식
꽃봉오리 형태의 인동당초를 표현했어요. 선이 부드러우며 문양이 비교적 좌우 대칭이에요. 아마 관모에 꽂아 사용했을 거예요.

왕비의 귀걸이
큰 고리와 작은 고리로 이루어진 정교한 장식이 돋보이는 귀걸이에요.

금제관식

베개

유리동자상

청동다리미

방격규구신문경

발받침

동탁은잔

팔찌
왕비가 어렸을 때부터 사용한 소중한 물건이어서 관에 같이 묻어 준 것 같아요.

청동다리미
둥근 그릇에 숯을 넣어 옷감을 다렸는데, 실제 왕비가 사용했다기보다 왕비의 역할을 상징한 것이에요.

전에 살았던 사람의 치아가 남아 있다니 말이에요.

그런데 왕비는 누구였을까요? 뒤이어 왕위를 이은 성왕의 어머니였을까요? 묘지석에 따르면, 왕비는 타고난 수명을 다하고 죽었다고 해요. 하지만 묘지석 어디에도 무령왕이나 왕비가 언제 태어났는지 기록이 없답니다. 그래서 무령왕의 출생은 지금도 수수께끼로 남아 있어요. 더구나 이 어금니는 건강한 30대 여성의 것으로 보인다는 의견 때문에 무령왕과 왕비의 나이에 혼동이 생겼어요. 묘지석에는 왕비가 제 수명을 다했다고 기록되어 있거든요. 그러나 이 어금니는 치아가 닳지 않는 사랑니일지 모르고 이것으로 왕비의 정확한 나이를 알기는 어렵다고 해요.

유리동자상

왕비의 허리 부분에서 발견된 유리동자상이에요. 이 유리동자상은 왕비가 살아 있을 때부터 늘 간직하던 수호신이나 부적이에요. 까까머리에 두 손을 배 앞에 모은 모습이 불교의 스님이나 도교의 신선을 표현한 것 같아요. 허리 부분 구멍에 줄을 달아서 사용했을 거예요.

여기서 잠깐!

베개와 발받침을 찾아 보아요.

다음은 왕과 왕비의 베개와 발받침이에요. 어떤 것이 왕의 것이고, 어떤 것이 왕비의 것인지 연결해 보세요.

   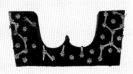

| 왕의 베개 | 왕의 발받침 | 왕비의 베개 | 왕비의 발받침 |

정답은 56쪽에

25

왕과 왕비의 부장품

1971년 발견된 무령왕릉은 다행히도 전혀 도굴 흔적이 없었어요. 그래서 많은 유물들이 고스란히 남아 있었어요. 물론 발굴 과정의 실수 때문에 더 정확한 정보를 얻지 못한 것은 안타깝지만요. 그럼 아쉬운 마음을 접어두고 무령왕과 왕비의 아름다운 유물들을 감상해 볼까요?

유물을 하나하나 자세히 살펴보면서 백제 장인들의 정성과 솜씨를 느껴 보아요.

왕의 유물

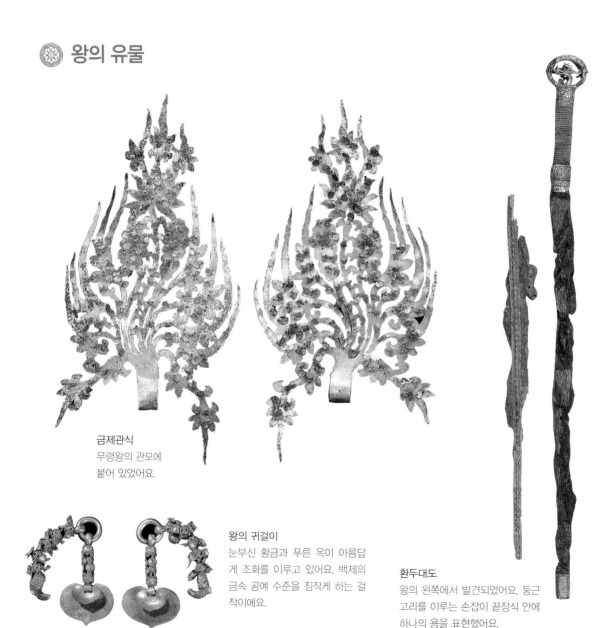

금제관식
무령왕의 관모에
붙어 있었어요.

왕의 귀걸이
눈부신 황금과 푸른 옥이 아름답게 조화를 이루고 있어요. 백제의 금속 공예 수준을 짐작케 하는 걸작이에요.

환두대도
왕의 왼쪽에서 발견되었어요. 둥근 고리를 이루는 손잡이 끝장식 안에 하나의 용을 표현했어요.

🏵 왕비의 유물

돌아가신 왕과 왕비를 위해 정성을 기울였지요.

금제관식
왕비의 금제관식은 인동당초 무늬가 막 피려는 꽃봉오리의 모습으로 표현되어 있어요.

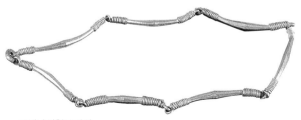

금제나선형목걸이
활처럼 휘어진 일곱 각의 금봉 각 마디는 고리로 연결하고, 각 봉에는 고리와 매듭이 세심하게 감겨 있어요. 솜씨가 매우 세련되고 뛰어나며 현대적 감각이 돋보여요.

귀걸이
왕비의 귀걸이를 보면, 깨알 같은 금들이 다닥다닥 붙어 있어요. 우선 금실을 만들고 아주 짧게 썰어요. 그런 다음, 철판에 살짝 볶으면 작은 구슬이 돼요. 그런 다음 하나씩 가져다 붙인 노력과 정성이 대단해요.

동탁은잔
청동제 받침과 은잔을 합친 것이에요. 단아한 산봉우리 모양의 뚜껑이 돋보이지요. 용, 연꽃 등의 등의 세세한 문양이 새겨져 있답니다.

아름답고 세련된 금제 공예품

무령왕릉 안에서 1400여 년의 긴 세월이 흐르는 동안 왕과 왕비의 시신은 한 줌의 흙이 되었어요. 하지만 여기저기 흩어진 채 놓여 있는 금제 장식들은 여전히 빛을 발하고 있었어요. 비록 원래 자리에서는 떨어져 버렸지만 말이에요.

금제 장식은 대부분 순금

금제 장식을 본 많은 친구들이 이렇게 물어보지요. "저거 진짜 금이에요?" 맞아요, 진짜 금이에요. 분석해 본 결과 거의 순금에 가까운 것으로 밝혀졌어요. 무령왕릉에서 출토된 금제 장식은 금 함량이 98%랍니다. 또한 금장식들은 대부분 90%가 넘었어요. 하지만 익산 웅궁리에서 발견된 금제품들은 순도가 80%대를 이루었고, 어떤 유물들은 60%대이기도 했어요. 이런 사실들을 보면 백제에서 무령왕을 위해 얼마나 정성을 들였는지 짐작이 가지요.

그 금제 장식들이 얼마나 화려한지 전시실에서 살펴볼까요? 금으로 만든 꽃모양 장식부터 찾아보아요. 이 장식품들은 왕과 왕비의 머리와 허리 부분에서 출토되었답니다. 발굴 당시에는 관 주변 여기저기 어지럽게 흩어져 있었어요. 아마 옷에 달았던 장식품이었을 거예요. 이 꽃모양 장식품을 잠시 자세히 들여다볼까요? 얼핏 보면 같은 모양인 듯하지만 꽃잎의 크기와 개수가 모두 다르답니다. 왜 그럴까요? 일일이 하나씩 손으로 만들었기 때문이에요. 이런 장식품들은 보통 판을 하나 만들어 놓고 똑같이

무령왕릉에서 출토된 금제 공예품

금제모자모양장식
곡옥과 금제모자모양 장식을 보면 겹치는 부분에 작은 구멍이 있어요. 이것으로 어느 곳에 매달아서 장식했을 것으로 추측하지요.

금제네잎모양장식
안쪽 동그란 부분에 남은 흔적으로 보아 천이나 가죽에 달았던 장식인 것 같아요.

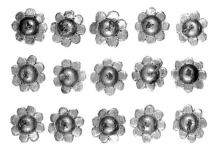

금제꽃모양장식
꽃잎 주변 구멍에 실로 엮어 장식했을 것으로 생각되지요.

찍지요. 하지만 백제의 장인들은 하나하나 손으로 만들었어요. 그래서 백제의 유물들이 더 아름다워 보이는지도 몰라요. 그런데 금제모자모양장식의 곡옥을 보면 무슨 생각이 드나요? 꼭 동물의 태아처럼 생기지 않았나요? 곡옥의 모양을 보면 생명이나 풍요를 상징했던 것 같아요. 또 용의 모습을 나타낸 것이라고도 하지요. 여러분의 생각은 어떠한가요?

여기서 **잠깐!**

태아 같기도 한 곡옥의 모양을 보면 과연 무슨 용도도 쓰인 물건이었을까요? 여러분의 생각을 써 보세요.

_____

_____

_____

곡옥

금제엽형장식
나뭇잎을 본떠 만든 것이에요. 나뭇잎의 잎맥까지 살려 만든 세심함이 돋보이는 장식품이에요.

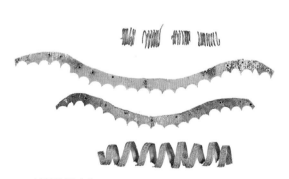

나선형 꾸미개
저 톱니 모양 금실은 어디에 썼던 것일까요?
왕의 관 장식에 쓰였던 것으로 추정해요.

백제의 장인들

백제에는 최고의 전문 기술자인 '박사'들이 있었어요. 이들은 최고의 학문과 기술을 쌓은 사람들이었어요. 나라에서는 이들에게 '박사'라는 최고의 지위를 수여했어요. 과연 백제에는 어떤 분야의 박사들이 있었을까요? 기와와 벽돌의 전문가인 '와박사', 탑 위의 금속 공예품을 만드는 '노반박사'가 있었어요. 그리고 절을 짓는 것을 전문으로 하는 '조사공'과 '사공', 불상을 만드는 '조불공'과 화가인 '화공'이 있었어요. 그리고 신라에서 황룡사 9층 목탑을 만든 장인 '아비지'는 백제의 박사를 이야기할 때 빼놓을 수 없는 인물이지요. 뿐만 아니라 이들은 일본으로 건너가 훌륭한 백제 문화를 전파하기도 했어요.

백제의 박사들은 물건을 만들 때마다 자신의 이름을 새겼어요. 이것을 실명제라고 하지요. 자신이 만든 물건은 자신의 이름을 걸고 책임진다는 뜻이에요. 이를 증명하는 유물이 바로 무령왕비의 은제팔찌랍니다. 이 팔찌는 백제의 전설적인 명장 '다리'가 만든 것이에요. 아, 이것을 어떻게 알았냐고요? 바로 팔찌의 안쪽에 새겨진 글귀 덕분이에요.

"경자년 2월에 장인 다리가 230주이*를 들여 대부인의 팔찌를 만들었다.(庚子年二月多利作大夫人分二百三十主耳)"

　이 기록을 보고 우리는 다리라는 장인이 이 팔찌를 만들었다는 것을 알 수 있었지요. 이렇게 팔찌에 새겨진 글귀를 보고 우리들은 백제 역사의 귀중한 정보를 얻을 수 있답니다.

　　*주이 무게를 나타내는 단위였던 것으로 짐작해요.

여기서 잠깐!

왕비의 은제팔찌에 숨겨진 역사적 사실을 알아보아요.

왕비의 은제팔찌에는 두 가지 기록이 남겨져 있었어요.
이것을 보면 기록을 남기는 일이 왜 중요한지 알게 될 거예요.

첫째, 다리라는 장인이 만들어 바쳤다는 기록이 있는 것을 보면 이 팔찌는 왕비가 살아 있을 때 사용한 것이란 걸 알 수 있어요. 둘째, 백제에서는 왕비를 '대부인'이라고 불렀다는 사실을 알 수 있답니다.

그럼 옆에 있는 은제팔찌에서 다리라는 글자와 대부인이라는 글자를 찾아 표시해 보세요.

다리작명 은제팔찌
왕비의 것으로 보이는 은제팔찌예요. 지름 14센티미터로 팔찌의 바깥에 새겨져 있는 두 마리의 용이 인상적이에요.

은제팔찌의 세부 사진
다리와 대부인이라는 글씨가 보여요.

정답은 56쪽에

백제 토기의 여러 가지 모양

무령왕릉을 구경하고 나오면 마지막으로 한성백제 시기부터 사비백제 시기까지 만들어졌던 백제 토기들이 전시실 벽면 한가득 전시되어 있어요. 백제 토기는 청동기 시대와 **원삼국 시대** 등 전통적인 토기 제작 기술을 바탕으로, 낙랑과 고구려의 제작 기술을 받아들여 만들어지기 시작했어요. 오랜 기간에 걸쳐 다양한 모습을 하게 되었는데, 대표적인 토기들을 통해 조금씩 변해가는 토기의 모양을 잘 볼 수 있어요. 시기에 따라 찬찬히 살펴볼까요?

한성백제 시기에는 백제 고유의 토기인 검은간항아리, 세발토기가 만들어지고 곧은목항아리, 계란모양토기, 굽다리접시 등도 만들어졌어요. 계란모양토기는 실제 생활에 사용된 토기예요. 반면에 검은간항아리는 당시의 고급품인 철기의 질감을 표현하기 위해 겉면을 문질러 만들었고, 주로 지배층에서 사용했다고 해요.

웅진백제 시기에는 주로 굽다리접시와 뚜껑접시, 세발토기, 항아리,

◉ 원삼국 시대
우리나라 역사에서 초기 철기 시대와 삼국 시대의 사이를 말해요.

백제 토기 유물들

한성기와 웅진기의 차이를 눈여겨 보세요.

한성기 굽다리접시
굽다리접시는 동아시아일대의 선사 시대 유물에서 자주 보이는 그릇 종류예요. 보통 음식을 담는데 특히 제사 음식을 담을 때 사용되었다고 해요.

한성기 세발토기
한성기의 세발토기는 생활 유적에서 많이 출토되었어요. 기능은 확실하지 않지만, 굽다리접시처럼 제사 그릇으로 쓰였을 것으로 추정돼요.

병, 그릇받침 등이 만들어졌어요. 세발토기는 주로 무덤 유적에서 많이 출토되고 있어요. 그릇받침은 처음에는 원통 모양으로 만들어지다가 차차 장고 모양으로 바뀌게 된다고 알려져 있어요.

사비백제 시기에는 세발토기, 병, 단지, 굽접시, 잔, 그릇받침, 전달린토기, 합, 뚜껑접시, 손잡이잔 등 여러 가지 모양의 그릇이 사용되었어요. 벼루, 등잔, 변기 같은 특별한 쓰임새의 토기도 많이 만들어졌지요. 특히 회백색의 전달린토기와 합이 똑같은 크기로 만들어진 것을 보면, 토기 생산이 활발해지고 전문화되었음을 짐작할 수 있어요.

여러 토기들 중 세발토기는 백제의 전 시기에 걸쳐 만들어졌어요. 한성기에서 사비기로 가면서 형태가 조금씩 변했겠죠? 한성기의 세발토기는 크기가 크고, 접시 깊이가 깊었어요. 반면 웅진기를 거치면서 접시 깊이가 점점 얕아지면서 백제 말기에 이르러서는 납작한 접시로 변형되었어요. 그리고 접시 밑에 달린 세 발은 접시의 중앙 쪽에 달려 있었다가 점점 접시의 가장자리 쪽에 붙게 되었어요. 게다가 둥근 접시가 아닌 각진 접시도 생겨났답니다.

웅진기 세발토기
한성기의 세발토기와는 달린 무덤 유적에서 주로 출토되었어요.

웅진기 뚜껑접시
뚜껑이 있는 굽다리접시예요. 밑부분에 접시 기둥 흔적이 남아 있어 굽다리접시였음을 알 수 있었어요.

충청남도 역사문화실

충청남도 역사문화실에는 구석기 시대부터 조선 시대까지 충청남도 지역의 선
사, 고대, 중근세 문화의 흐름을 한눈에 살펴볼 수 있도록 관련 유물과 모형을
전시하고 있어요.

먼저, 〈선사문화〉 전시 공간에는 구석기 유적으로 유명한 공주 석장리를 비롯하여 금강 유역에 위치한 신석기와 청동기 유적이 전시되어 있어요. 주먹도끼, 빗살무늬토기, 민무늬토기, 청동검, 청동거울, 철기 등을 통해 익숙한 선사 문화를 살펴볼 수 있어요. 〈고대문화〉 전시 공간에는 선사 시대 이후의 고대 유적에서 최근까지 발굴된 유물들이 있어요. 아울러 고대 국가의 밑받침이 되었던 마한의 유물, 삼국 통일 이후 남북국 시대(통일 신라 시대)의 충청남도 모습을 다양한 발굴 유물은 통해 만나 볼 수 있어요. 〈중근세문화〉 전시 공간에서는 고려 시대부터 조선 시대에 이르기까지 충청남도의 지역 문화가 만들어진 과정을 여러 전시물을 통해 보여 주고 있어요. 특히 고려 시대 충청남도의 절터에서 발견된 불교 문화재를 통해 이 지역 사람들의 신앙생활, 삶과 죽음에 대한 가치관을 이해할 수 있어요. 또 조선 시대에 등장한 계룡산 분청사기를 유물과 함께 영상으로 볼 수 있고, 충청남도의 학문과 관련된 호서예학 관련 자료도 구경할 수 있어요.

자, 그럼 새로운 전시실로 들어가 볼까요?

충청남도의 선사 시대

공주를 중심으로 하는 충청남도 지역의 선사 시대 유적은 금강의 상류와 중류 지역에서 많이 발견되고 있어요. 구석기 시대에는 인류가 처음으로 돌로 도구를 만들어 사용하였는데, 처음 사용한 도구는 뗀석기로 알려져 있지요. 돌 이외에도 나무, 동물의 뼈와 뿔 등을 도구로 이용했어요.

신석기 시대 사람들은 지구의 기온이 따뜻해지면서 환경이 바뀌게 되자, 사냥과 고기잡이 활동을 시작했어요. 가축을 기르고 농사로 곡식을 재배하는 등 다양한 활동을 하게 되었어요. 이 시기를 알 수 있는 대표적인 유물로는 밑바닥이 뾰족한 빗살무늬토기가 있지요. 또 솜이나 동물의 털에서 섬유를 꼬아 실을 만들 때 사용하는 흙으로 만든 가락바퀴, 물고기를 잡을 때 그물에 달았던 그물추도 있어요.

이동생활에서 점점 정착생활을 하게 된 시기구나.

충청남도의 선사 시대 유물들

가락바퀴
가운데 구멍에 막대를 끼워 고정시키고 가락바퀴를 돌리면 섬유가 꼬이면서 실이 만들어졌어요. 이렇게 만든 실로 가죽을 꿰매어 옷을 입었던 것으로 추정돼요.

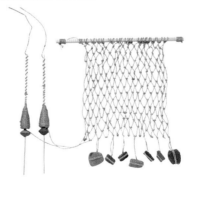

그물추
어로 생활을 볼 수 있는 도구예요. 신석기 시대 사람들은 강가에서 그물을 사용하여 물고기를 잡았어요.

빗살무늬토기
우리나라 전역에서 출토된 신석기 시대의 대표 유물이죠. 그래서 우리나라의 신석기 문화를 '빗살무늬토기 문화'라고 하기도 해요.

청동기 시대에는 신석기 시대와 달리 토기의 무늬가 사라지는 대신 모양과 크기가 다양해졌어요. 간석기로 여러 가지 농기구와 무기까지 만들었지요. 그리고 인구가 늘어나면서 큰 규모의 마을이 생기고, 마을을 이끌어 나가는 우두머리가 등장했어요. 적이나 야생 동물로부터 각자의 마을을 지키기 위해 방어 시설을 마련하게 되는데, 부여에서 발견된 송국리 유적처럼 마을 주변에 도랑을 파고 그 안에 물을 채우는 식이었어요. 그리고 고인돌, 돌널무덤, 독무덤 등 새로운 모습의 무덤이 만들어지고, 우두머리의 무덤에는 청동기와 간돌검과 같은 **부장품**을 같이 넣기도 하였어요.

그 뒤 철기 문화가 들어오면서 돌로 만든 도구들이 사라지고 쇠로 만든 농사 기구나 도구들이 만들어졌어요. 이 시기를 알 수 있는 대표적인 유물로는 여러 가지 모양의 민무늬토기를 비롯한 간돌검, 돌창, 돌화살촉, 반달돌칼, 조갯날도끼 등 간석기 그리고 동검, 동거울 등 청동기와 쇠로 만든 도구들이 있어요.

⊛ 부장품
죽은 사람을 무덤에 묻을 때
함께 묻는 물건이에요.

방울
초기 철기 시대 유물로, 중앙 허리의 윗부분에 작은 고리가 있어 끈으로 매달 수 있었어요.

거친무늬 거울
청동기 유물로, 비파형 동검과 함께 출토되었어요.

간돌검
우리나라 청동기 시대의 대표 유물 중 하나예요. 규모가 큰 주거지나 무덤에서 출토되어서 특별히 높은 계층이 가졌던 검으로 추정돼요.

한국식 동검
초기 철기 시대 유물로, 잔무늬 거울이나 청동 방울과 함께 출토되었어요. 우리나라 전역에서 출토되어서 한국식 동검이라고 불러요.

마한의 문화를 받아들이다

고대문화 전시실에 들어서면 가장 먼저 살림집이나 무덤에서 출토된 유물들이 눈에 띄어요. 떡을 찌는 시루, 낫, 창, 끌, 도끼 등 실제 생활에 쓸모가 있었던 유물들이지요. 이 유물들을 살펴보다 보면 아마 웅진백제기의 생활 모습을 충분히 상상해 볼 수 있을 거예요. 잘 이해가 안 된다고요? 그럼 잠시 마한의 이야기를 들려줄게요.

백제를 세웠을 무렵 만주와 한반도 북쪽에는 부여, 고구려, 동예, 옥저 같은 나라들이 있었어요. 그리고 한반도 남쪽에는 100여 개의 크고 작은 나라들이 있었어요. 북쪽에 비해 따뜻한 날씨와 넓은 평야, 큰 강이 있어 무엇보다 농사짓기에 적당했지요.

그러다 보니, 곳곳에서 사람들이 모여들어 크고 작은 부족을 이루었어요. 이들은 이웃 나라들과 묶여 마한, 진한, 변한으로 나뉘었어요. 이 세 나라를 삼한이라고 하는데 삼한 중에 가장 강력한 집단은 드넓은 평야에 자리한 마한이었어요. 전체 100여 개 나라 중 약 70여 개가 모여 이룬 나라였으니, 규모가 어마어마하지요.

삼한

마한은 나중에 백제에 흡수되고, 진한은 사로국에서 시작한 신라에 의해 통일되지요. 그리고 변한은 구야국에서 출발하여 나중에 가야가 된답니다. 결국 삼국은 크고 작은 나라를 아우르면서 강력한 고대 국가로 성장했어요.

마한의 유물

표주박모양토기
단지 두 개를 위 아래로 붙였어요. 가는 선 문양이 시계 방향으로 새겨져 있어요.

입술모양토기
쇠뿔 모양 손잡이가 달려 있고 입술 모양 주구가 붙어 있는 토기예요.

새모양토기
새가 날개를 편 것 같은 모습이에요. 꼬리 부분에 구멍이 있는 것으로 보아 주전자로 사용했던 것 같아요.

덩이쇠
가운데가 좁고 양쪽이 넓은 직사각형의 철판이에요. 철, 연장을 만들기 위한 기본 재료예요.

마한은 '목지국'이라는 나라를 중심으로 그들만의 독특한 문화를 누렸어요. 그러다 남으로 땅을 넓히던 백제와 부딪쳤어요. 그때 백제는 근초고왕이 다스리고 있었고 최고의 전성기를 누리고 있었지요. 고구려와 싸워 이긴 백제에게 마한은 도저히 상대가 안 되었어요. 결국 마한은 무릎을 꿇었어요. 하지만 마한이 없어졌다고 그 지역 귀족 세력들까지 무릎을 꿇은 것이 아니었어요. 백제는 마한의 지방 세력들을 인정하고, 중국의 문물까지 그들에게 전해 주지요. 그 결과 웅진으로 도읍지를 옮길 때, 마한의 귀족 세력들에게 큰 도움을 받았어요. 웅진백제는 넓은 평야에서 얻은 곡식으로 풍족한 생활을 하던 마한과 결합하면서 웅진백제는 한층 더 발전하게 되었어요.

마한 지역에서 발견된 검은 간토기

마한이 백제에 흡수된 뒤 마한 세력가의 무덤에서 중국 남조의 도자기, 용 무늬가 새겨진 칼, 검은색 토기 등 이전 마한과 다른 유물이 출토되었어요. 검은 간토기는 마한 것이 아니라 백제의 고유한 토기예요.
이것으로 마한 지역의 세력가가 백제와 긴밀한 관계를 유지했다는 사실을 보여 주지요.

검은간토기

여기서 잠깐!

무엇에 쓰던 것일까요?

무덤 터 옆에 있는 둥근 항아리는 무엇으로 사용했을까요?
곡식을 저장했던 것 같기도 하고, 도대체 무엇일까요?

발굴 당시의 독무덤

복원한 모습

 내 생각은.

_____

일 것 같아요.

정답은 56쪽에

고대 국가 백제의 찬란한 국제 문화

무령왕릉이 발굴되면서 삼국 시대의 문화에 대한 기존의 생각들이 많이 바뀌게 되었어요. 이전에는 고구려의 고분 벽화나 신라의 화려한 금관들, 가야의 철 부장품들이 고대의 찬란한 문화유산으로 환영받았어요. 이제 백제의 유물들도 고고학계뿐만 아니라 일반 사람들에게도 깊은 관심의 대상이지요. 장신구, 토기 외에도 악기 같은 유물 발굴을 통해 백제가 수준 높은 문화 예술을 꽃피웠음은 물론, 당시 **동아시아**의 여러 나라들과도 활발한 교류가 있었다는 것을 알게 되었어요. 국제 교류의 증거가 되는 여러 가지 유물들도 함께 출토되었거든요.

⊛ 동아시아
아시아의 동부로, 크게 한국, 중국, 일본을 포함해요.

외국과의 교류를 말해 주는 유물들

나무로 된 양머리 모양 장식
양머리 모양의 나무 장식이 발견되었는데 일본 정창원에 소장된 신라 가야금의 머리 장식과 닮았어요. 머리 부분에 8줄을 걸 수 있는 흔적이 남아 있어요.

요고
요고는 장고와 비슷한 모양으로 가운데가 오목하고 양쪽에 넓은 울림통을 가진 타악기예요. 세종 나성리에서 발견되었고, 우리나라는 물론 동아시아에서 가장 이른 시기의 요고이지요. 이 악기의 기원은 인도에서 부처에게 공양하기 위해 연주하는 전통 악기인데, 불교의 전파와 함께 서역, 중국을 거쳐 우리나라에 들어왔어요. 중국 남조에서 백제로, 백제에서 일본으로 전파된 것으로 추정된답니다.

가야계 토기
낙동강 서쪽의 옛 가야 지역인 호남 동부에서 발견된 토기로, 일본 고분 시대의 대표적 토기인 '스에키'에 직접적인 영향을 주었어요. 당시에는 1000도 이상의 온도에서 구워 내는 토기가 신기술이었다고 해요. 이 가야계 토기는 고대 백제, 가야, 신라간의 관계 이해에 중요한 자료랍니다.

다시 발전하는 웅진백제

웅진백제는 63년이라는 짧은 기간 동안 한성백제 말기의 혼란을 수습하고 백제가 되살아날 수 있는 토대를 마련했어요. 다시 왕권을 강화한 무령왕은 왕족들을 지방으로 파견하여 22개의 담로*를 두어 다스리도록 했어요. 고구려와 전쟁하면서 잃은 한강 유역 대신, 대가야 지역인 섬진강 유역으로 땅을 넓혀 갔어요. 그러면서 왜로 통하는 새로운 항로까지 얻었어요. 그리고 양나라와의 외교 관계를 튼튼히 하고

웅진백제의 국제 교류

고구려와 여러 번 싸워 이길 정도로 급성장하여 스스로 백제는 다시 강국이 되었음을 선언하였지요.

"여러 번 고구려를 격파해 백제가 다시 강국이 되었다."

* **담로** 백제의 행정 구역 명칭이에요. 백제어로 '다라', '드르'인데 '성'을 의미해요. 지방을 다스리기 위한 조직인데, 왕자나 왕족을 지방에 보내 다스리게 했어요.

백제 중흥의 꿈

백제는 사비(지금의 부여)로 도읍지를 옮기고자 했어요. 웅진은 너무 비좁았거든요. 부여 능사에서 웅진 시기의 기와가 출토되고 부소산성에서는 '대통'도장 글씨 기와가 나와 실제로 웅진백제 시기에 이미 사비로 도읍지를 옮길 준비를 했던 것이에요. 장기간에 걸친 준비 작업 끝에 성왕은 538년에 백제를 다시 일으켜 세우고자 하는 강력한 의지와 함께 사비로 도읍지를 옮겼지요.

'대통'새김기와

불교 문화를 꽃피우다

이번에는 백제의 불교미술 유물들을 둘러보기로 해요. 백제의 불교에는 나라와 왕실의 번영을 바라는 마음이 담겨 있어요.

백제에 불교가 처음 들어온 것은 15대 임금인 침류왕 때예요. 중국 동진에서 온 스님 마라난타가 불교를 전해 주었지요. 마리난타가 어떤 사람이었는지 아직까지 알려진 것이 없어요. 백제는 원래 외국과 문물 교류가 많았고 그 때문에 자연스럽게 불교를 받아들였던 것으로 추측하고 있지요.

《삼국사기》의 기록을 보면 한성백제 때부터 많은 절들이 세워졌다고 해요. 그러나 정작 불교가 번창하게 된 것은 웅진백제 시기랍니다. 웅진의 역사는 짧았지만, 그 시기에 세워진 많은 절터와 불교 유적들은 아직도 남아 있어요. 이때의 절들은 산 속의 자연동굴을 이용한 것이 특징이에요. 공주 지역 외곽에는 서혈사,

동혈사, 남혈사, 북혈사, 주미사 등의 절터가 아직도 남아 있답니다. 그리고 공주 시내에서는 미륵설화로 유명한 수원사지와 대통사지가 발견되었어요. 이뿐이 아니라 백제 양식의 석조, 석불광배, 우물 뚜껑이 출토된 금학동사지도 발굴되었어요.

백제 사람들은 불교를 믿으면서 나라의 발전과 왕실의 번영은 물론이고, 자신들의 축복된 내세를 바랐답니다. 이렇게 불교는 백제의 사상과 문화, 외교는 물론 백성들의 생활까지 많은 영향을 끼쳤어요. 그래서 백제의 불교미술은 어느 나라보다도 활짝 꽃피울 수 있었어요.

> ## 삼국이 불교를 받아들인 이유
>
> 삼국 왕들의 가장 큰 고민은 갈수록 커지는 귀족의 힘을 누르고 왕권을 강화하는 것이었어요. 그래서 흩어진 백성의 마음을 하나로 묶어 줄 것이 필요했어요. 그것이 바로 불교였지요. 불교는 욕심을 버리고, 착하게 살면 다음 세상에도 다시 사람으로 태어날 수 있다고 가르치거든요. 그런 교리를 받들어 백성의 마음과 생각이 하나로 모아지기를 바란 거예요. 백성들의 생각이 같아지면 왕이 나라를 다스리는 일이 훨씬 편해지기 때문이에요.

🏵 **내세**
죽은 뒤에 다시 태어난다는 세상이에요.

금동관음보살
보살은 수행을 하며 부처님을 도와요. 머리에 화려한 보석띠를 두르고 있어요.

석조여래좌상
수행을 통해 깨달음을 얻어 최고의 경지에 이른 부처예요. 몸에는 천의만 걸치고 있어요.
손 모양으로 자신의 깨달음과 설법을 보여 주지요.

도제불상대좌
백제 시대 가마터에서 발견된 것으로 부처님의 옷자락이 늘어져 있는 모습을 잘 나타냈어요.

천불비상
불비상은 비석처럼 돌을 다듬어 사방에 부처님을 조각한 불상이에요. 주로 백제의 옛땅에서만 발견되었어요. 비암사에서 1960년 발견된 계유명과 기축명 불비상은 불상에 하늘나라에 계신다는 아미타 부처님의 세계가 그대로 나타나 있어요.

여기서 잠깐!

누가 여래이고 누가 보살일까요?

위 사진에 나와 있는 불상들에 대한 설명을 잘 읽고 아래 물음에 답해 보세요.

1. 머리에 화려한 보석띠를 두르고 있고 부처님의 수행을 도와요.

_____

2. 손모양으로 자신의 설법과 깨달음을 보여 주지요.

_____

☞ 정답은 56쪽에

고려부터 조선까지의 충청남도 문화

고려 시대 충남의 불교 문화

고려 시대 충남의 불교 문화는 개태사의 창건과 함께 꽃피웠습니다. 개태사는 후삼국 통일의 기념비적 사찰로 왕건은 개태사 창건문을 직접 썼다 해요. 고려 시대 충남에는 백제, 통일 신라 시대에 창건된 성주사와 보원사 등의 사찰이 성하면서 다양한 불상이 만들어졌어요. 관촉사 미륵불 대조사 석불 등의 대형 석불과 백제계 석탑 등 독특한 지역적 특징을 보입니다.

관음보살상

후삼국 시기 공주는 후백제 국경에서 가장 꼭대기에 있었고, 천안은 고려의 아래쪽 국경에 있었어요. 그래서 충청남도는 후백제와 고려의 치열한 전쟁터였지요. 또 후백제와 고려가 마지막 전쟁을 치른 논산은 고려가 승리하여 진정한 후삼국 통일을 이룬 곳이기도 해요.

고려 시대의 충남은 양광충청주도에 속하였으며, 공주목을 중심으로 문화권을 형성해 왔어요. 충청도는 조선 시대에 들어오면 54개의 고을을 다스렸답니다. 큰 고을 가운데 충주와 청주의 앞글자를 합쳐 '충청도'라 했지요. 한양을 기준으로 오른쪽은 충청우도(충청남도), 왼쪽은 충청좌도(충청북도)로 구분했다고 해요.

공주목은 충청우도의 중심 고을로 발전했어요. 조선 후기에는 충청도의 최고 행정 기관인 충청감영이 설치되어 충청도의 정치와 문화의 중심지가 되었답니다.

계룡산 분청사기

공주의 동남쪽에 위치한 계룡산 일대에는 지금도 많은 분청사기 가마터가 남아 있어요. 관청에 공납하는 도자기도 만들었던 계룡산 분청사기는 충청남도뿐만 아니라 전국적으로 유통되어 여러 계층에서 폭넓게 사용되었지요. 특히 계룡산에서 구운 철화분청은 물고기, 연꽃, 모란, 넝쿨, 파초 등 철화로 다양한 무늬를 그려 만들었어요. 관청의 명문을 찍은 것도 있었지요. 이 분청사기는 일본의 다기 문화의 발전에 영향을 주었다고 해요.

충남 사람들의 삶과 죽음

　고려 시대 무덤에서는 다양한 껴묻거리가 출토되었어요. 충남 지역 무덤 내 껴묻거리는 시기에 따라 수량과 종류에서 차이를 보이는데, 숟가락, 젓가락, 청동으로 만든 거울 등 종류가 다양해져요. 특히 대전 가오동 무덤에서는 중국제 흑유발과 백자, 호주명경, 가랑비녀 등이 출토되어 당시의 대외 교류도 다시 엿볼 수 있답니다.

계룡산 지도
꽃봉오리가 피어나는 듯한 형세로 주요 봉우리와 사찰, 촌락이 기록되어 있어요. 그림 아래 글에는 계룡산의 어원과 지형의 특징이 쓰여 있어요.

분청사기철화당초문호
넝쿨무늬가 그려진 분청사기 항아리로, 공주 학봉리에서 출토되었어요.

분청사기철화어문병
이 분청사기도 공주 학봉리에서 출토되었고, 물고기 무늬가 그려진 병이에요.

충남 고려 시대 무덤의 껴묻거리

금고
절에서 시간을 알리거나 사람들을 불러 모을 때 사용한 도구예요.

꽃 모양 거울
고려 시대 껴묻거리에는 치장할 때 사용하는 꾸밈 도구가 많았어요. 꽃 모양 거울, 향유를 담는 병 등이 있어요.

껴묻거리(공주 금학동)
공주 금학동 무덤에서 여러 가지 청자, 수저, 구슬 장식 등 다양한 유물이 출토되었어요.

도장
고려 시대에는 사자, 해태, 호랑이, 봉황 등 동물 모양으로 만든 도장이 많았어요. 껴묻거리에서 출토되는 도장은 악한 기운을 물리치는 용도였다고 해요.

충청감영

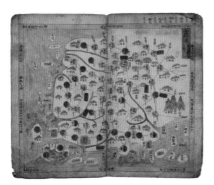

고지도
옛 강원도·충청도·경상도·전라도 땅이
그려졌는데. 강원도는 경기도와 서해까지
그려져 있어 모두 다섯 개의 도가 그려진
지도예요.

1603년(선조 36년)에 충청도의 최고 행정 기관인 '충청감영'이 공주에 설치되었어요. 그렇게 해서 공주는 정치와 문화의 중심지로 자리 잡았지요. 충청감영의 내용을 알 수 있는 유물로는 《공주읍지》가 있는데, 이는 공주 지역의 행정, 역사, 문화를 정리해 놓은 지리 책인 셈이에요. 충청도의 54개 고을 다스렸던 충청감영은 공산성 안에 있었지만, 여러 차례 이전을 거듭한 끝에 1707년 봉황산 아래에 터를 잡았어요. 당시 감영 건물의 모습이 《공주읍지》에 잘 그려져 있지요.

그리고 감영의 관리자는 관찰사였으며, 이들을 비리를 감시하기 위해 조정에서는 암행어사를 파견했답니다. 암행어사가 충청감영 감사 후 조정에 올렸던 장계 원본을 통해 그 내용을 살펴볼 수 있어요.

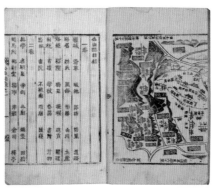

공주읍지
조선 시대 공주 지역의 지리 책이랍니다.

암행어사 김익현 장계 원본
충청도 암행어사 김익현이 임금에게 올렸던 보고서예요.

호서예학

충청남도는 임진왜란과 병자호란을 거치면서 변화를 맞이했어요. 충청감영은 임진왜란 때 한양 방어를 목적으로 공주로 이전한 거지요. 유교를 바탕으로 한 조선 시대에는 유교 이론을 성리학에서 찾고 다양한 학파를 만들어 발달했어요. 하지만 병자호란 뒤에 사회가 어지러워지자, 사대부들은 이론보다 실천적 과제를 중시하는 예학을 본격적으로 연구했어요. 예학은 송시열과 같은 유학자들의 노력으로 발전해 나갔는데, 그 가운데 공주 지역의 '호서예학'은 김장생을 중심으로 학파가 이루어졌어요. 특히 '예'의 실천 과제를 위해 많은 노력을 기울여 조선 예학의 표준이 되었지요.

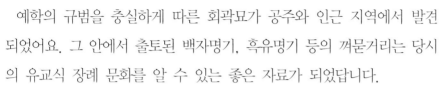
책을 보관하는 상자

예학의 규범을 충실하게 따른 회곽묘가 공주와 인근 지역에서 발견되었어요. 그 안에서 출토된 백자명기, 흑유명기 등의 껴묻거리는 당시의 유교식 장례 문화를 알 수 있는 좋은 자료가 되었답니다.

전시실에서는 김장생의 초상화와 시문집도 함께 보며 당시 유교 문화와 관련된 유물들을 모두 볼 수 있어요. 조선 시대에는 충, 효, 열을 중시하여 《동국신속삼강행실도》를 편찬하기도 했지요. 충남의 충신, 효자, 열녀를 기념한 특별한 유물들은 무엇이 있는지 살펴보아요.

김장생 초상

아들이 세 살이 되었을 때 아들의 옷가지를 마련하고 남편을 따라 세상을 떠났대.

정려현판
남편 박해주를 따라 목숨을 끊은 열녀 남양 홍씨를 기리기 위해 정려문에 내려진 현판이에요.

국립공주박물관을 나오며

박물관에 진열되어 있는 문화유산들은 우리 선조들이 자신의 역사를 후손들에게 알려 주기 위한 선물이에요. 책이나 글, 유물 등 다양한 형태로 남아 있지요. 하지만 지금까지 전해지고 있는 것은 일부분에 불과해요. 우리나라의 문화재에 대한 조사와 연구는 일제 강점기에 일본 학자들이 시작했답니다. 그러다 해방이 되고 난 뒤에야 우리 학자들의 손으로 이루어졌지요. 과거에 일본 학자들이 왜곡시켰던 우리 역사를 뒤늦게나마 바르게 고친 것도 그 동안의 발굴과 조사를 통해 얻은 연구 덕분이에요.

지금도 세계 여러 나라에서는 자기 나라의 역사를 바로 세우기 위한 발굴과 조사가 끊임없이 이루어지고 있어요. 우리나라도 해마다 1천여 건이 넘는 발굴과 유적 조사가 진행중이에요. 하지만 도굴이나 무분별한 각종 건축 공사로 훼손되고 영원히 사라져 버린 문화재들이 너무 많아요. 모든 문화재들은 제자리를 지키고 있을 때 그 가치가 있어요.

오늘 우리가 둘러본 백제의 문화유산들은 아직도 땅속에 잠자고 있거나 제 자리를 잃어버린 것들이 많지요. 하지만 백제 유적을 발굴하기 위한 학자들의 연구는 오늘도 계속되고 있답니다. 일제 강점기 때 일본이 마음대로 가져가 버리거나 훼손된 문화재들을 생각하면 가슴이 답답하지요. 그래서 우리는 남아 있는 유산, 아직 찾아내지 못한 유산들을 보존해야 할 필요가 있어요.

문화재를 관람할 때 관심이 가는 유물이나 평소에 꼭 보겠다고 생각해 둔 유물을 꼼꼼히 살펴보아요. 그리고 느낀 점을 기록하고, 필요하면 사진도 찍고, 궁금한 점이 있으면 꼭 알아 내고 가는 거예요. 이것이 바로 우리 문화재를 아끼고 사랑하는 첫걸음이랍니다.

웅진백제 어린이 체험실

국립공주박물관의 체험실이 어린이들을 위해 새롭게 꾸며졌어요. 어떤 체험들이 기다리고 있는지 들어가 볼까요? 체험실 입구에는 귀여운 캐릭터로 변신한 진묘수가 우리를 맞이하고 있네요. 여러분도 진묘수 캐릭터를 만들어 볼 수 있어요.

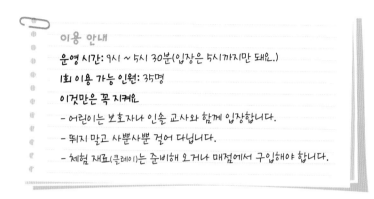

이용 안내

운영 시간: 9시 ~ 5시 30분(입장은 5시까지만 돼요.)

1회 이용 가능 인원: 35명

이것만은 꼭 지켜요

- 어린이는 보호자나 인솔 교사와 함께 입장합니다.

- 뛰지 말고 사뿐사뿐 걸어 다닙니다.

- 체험 재료(클레이)는 준비해 오거나 매점에서 구입해야 합니다.

❶ 비밀의 문의 열고, 1500년 전으로 출발~!

벽돌을 하나씩 밀어서 무령왕릉을 열어 보세요.
무령왕과 무령왕비의 장식품으로 나를 꾸미고 사진도 찍을 수 있답니다.

❷ 왕과 왕비의 보물을 찾아라~!

이게 웬 보물 지도람! 지도를 찬찬히 보면서 왕과 왕비의 보물을 찾아보세요.

❸ 왕과 왕비는 금동신발을 정말 신었을까?

무령왕릉에서 출토된 금동신발에 무늬가 있는 걸 보았죠? 금동신발의 무늬를 직접 투조 기법으로 찍어 보세요. 투조 기법이 어떤 건지 알려 줄 거예요. 금동신발을 신고 사진도 찍어 보세요.

❹ 왕의 칼에는 고리가 달려 있다고?

무령왕의 칼을 만져 보고, 화면을 보면서 퀴즈를 풀어 보세요.

❺ 왕비 은팔찌의 비밀

왕비의 은팔찌에 숨겨진 비밀을 풀어 보고, 클레이로 팔찌도 만들 수 있어요. 우린 이미 그 비밀을 알고 있지요?

❻ 청동거울에 비춘 신선세상

청동거울을 반짝반짝 닦으면 내 얼굴이 정말 보일까? 청동거울에 새겨진 신선세상을 VR로 체험해 보세요.

❼ 은잔에는 어떤 세상이 펼쳐질까?

은잔에 새겨진 무늬를 색칠하면서 은잔 속 세상을 구경하고, 신선 세상의 동물들과 함께 놀아 보아요.

❽ 백성들에게 행복을 준 무령왕

백제를 다시 강국으로 만들었던 무령왕릉과 사진을 찍고, 지도를 보세요. 왕과 왕비의 보물을 찾은 다음, 무령왕의 업적을 다양한 체험과 퀴즈로 복습해 보세요.

주변 돌아보기

우리 조상들이 남긴 또 다른 자취를 찾아서

그냥 집으로 가기에는 조금 아쉽지요. 그래서 주변을 함께 둘러보는 것은 어떨까요?
국립공주박물관 주변에는 우리가 놓치지 말아야 할 유적지들이 있답니다. 특히 송산리 고분과 함께 자리한 무령왕릉 모형관은 꼭 가 보아야 할 곳이지요. 웅진백제의 역사가 담겨 있는 공산성도 빼놓지 않고 둘러보아요.

❶ 국립공주박물관 옥외전시장

국립공주박물관 옥외전시장에는 대통사지의 대통사 터와 서혈사 터의 석조여래좌상 등 70여 점의 미술품이 전시되어 있어요. 그리고 목이 없는 불상들도 꼭 둘러보세요. 지진이나 홍수, 전쟁으로 인한 약탈과 파괴 등으로 훼손되어서 그런 것이랍니다.

*야외에 전시되었다고 함부로 만지면 안 돼요.

❷ 곰나루

금강변에 있는 나루터로 1987년 국민관광지로 지정되었어요. 나무꾼이 암곰을 버리고 강을 건넌 뒤 곰이 나무꾼과의 사이에 생긴 두 아이를 데리고 강물에 빠져 죽었고, 그 뒤부터 농사가 잘 되지 않았다고 해요. 그러자 마을 사람들이 곰의 원한을 달래 주는 사당을 세웠어요. 지금도 그 곰사당이 소나무숲에 남아 있어요.

❸ 송산리 고분군과 무령왕릉 모형관

송산리 고분군에는 웅진백제 도읍기의 왕과 왕족의 무덤이 한데 모여 있어요. 무령왕릉과 다른 고분들을 들어가 볼 수는 없지만 모형관이 있으니 꼭 둘러보세요. 무령왕릉과 송산리 5, 6호분이 모형관에서 역사의 현장을 체험할 수 있답니다.

고속버스터미널
시외버스터미널
공주대교
백제대교

공산성

성

학교

❹ 공산성

문주왕이 한성에서 웅진으로 도읍을 옮기고 삼근왕, 동성왕, 무령왕을 거쳐 성왕 16년까지 64년간 백제의 왕도를 지킨 백제의 위엄이 담겨 있어요. 백제 때에는 웅진성으로 불렸다가 고려 시대 이후 공산성으로 불리게 되었어요. 연지, 진남루, 왕궁 터 등이 있어 백제 역사의 흔적을 느껴지지요.

나는 국립공주박물관 박사!

① 아래 사진을 보고 이름과 맞게 연결 지어 보세요.

　　　　　　　진묘수
　　　　　　　　무령왕릉을 지키는 수호신이에요.

　　　　　　　금모곡옥
　　　　　　　　모양이 태아를 닮았다고 해서 다산이나
　　　　　　　　풍요를 상징했어요.

　　　　　　　새모양토기
　　　　　　　　새가 날개를 편 것 같은 모습이에요.

　　　　　　　도장
　　　　　　　　충청남도 고려 시대의 무덤에서 출토된 껴묻거리
　　　　　　　　중 하나예요.

② 무령왕에 대해 박물관에서 보고 들은 기억을 떠올리며 빈칸에 알맞은
말을 보기에서 골라 쓰세요.

보기　　　아치형　벽돌　인동당초　유리동자상　연꽃

1. 무령왕릉은 입구가 (　　　　　　)으로 되어 있어요.

2. 무령왕릉의 벽돌은 두 개가 합쳐져 하나의 (　　　　　　)무늬를 이루어요.

3. 무령왕릉은 (　　　　　)무덤이에요.

4. 무령왕의 금제관식은 (　　　　　)를 본떠 만든 것이에요.

5. (　　　　　)은 왕비가 살았을 때부터 늘 간직하던 수호신이나 부적이에요.

③ 십자말풀이를 해 보세요.

가로
① 왕과 왕비의 부장품으로 신 위에 덧대어 신은 신이에요.
② 무령왕이 묻힐 때 땅의 신에게 땅을 산 대가로 놓은 돈이에요.
③ 왕과 왕비가 돌아가신 것에 대한 기록을 남긴 지석이에요.
④ 은잔에 청동 받침이 있으며 뚜껑에는 용이나 연꽃 등의 세세한 문양이 있어요.
⑤ 삼한 중 가장 강력한 집단이었어요.
⑥ 백제에서 최고의 전문 기술자들에게 수여하는 지위예요.
⑦ 열 세살에 왕위에 오른 백제의 왕이에요.

세로
① 왕과 왕비의 모자 양쪽에 꽂은 금장식품이에요.
② 무령왕릉의 수호신이에요. 상상속의 동물이지요.
③ 돈을 주고 땅을 샀음을 알리는 돌로 된 지석이에요.
④ 왕이 하늘의 아들이라는 사실을 보여주는 상징물이에요.
⑤ 무령왕의 또다른 호칭이에요.
⑥ 고고학적 유물 등을 수집 보존하여 진열하고 전시하는 곳이에요.
⑦ 마한, 진한, 변한을 한데 이르는 말이에요.

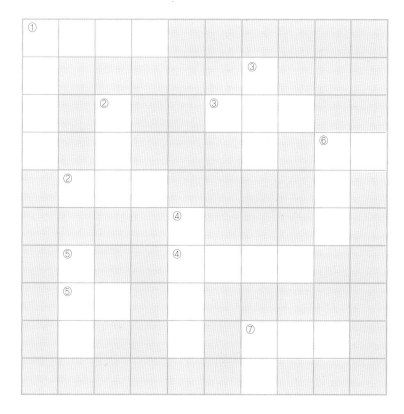

정답은 56쪽에

정답

여기서
잠깐!

17쪽 중국 양나라 관영 공방의 기와를 본보기로
심었다.

23쪽 ③ 현무

25쪽 ③

왕의 베개   왕의 발받침   왕비의 베개   왕비의 발받침

31쪽

43쪽 1. 금동관음보살   2. 석조여래좌상

몇 개나 맞았나요?
이런, 국립공주박물관에
또 가야겠다고요?

나는 국립공주박물관 박사!

❶ 아래 사진을 보고 이름과 맞게 연결 지어 보세요.

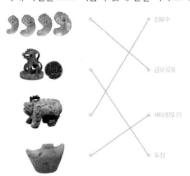

신묘수

금모과옥

새모양토기

도장

❷ 무령왕에 대해 박물관에서 보고 들은 기억을 떠올리며 빈칸에
알맞은 말을 보기에서 골라 쓰세요.

1. 이치형   2. 연꽃
3. 벽돌   4. 인동당초
5. 유리동자상

❸ 십자말 풀이를 해 보세요.

①금	동	신	발			
제					③매	
관	②진		③묘	지	석	
식	묘		권		⑤박	사
②오	수	전			물	
		④청			관	
⑤사	④동	탁	은	잔		
⑥마	한	거				
왕		울	⑦삼	근	왕	
			한			

56

사진 출처

국립공주박물관 p3(진묘수), p6(동전무늬벽돌,웅진백제실 전경), p6(색유리구슬), p7(수촌리 검은 간항아리, 진묘수), p8(용원리 검은간항아리, 부장리, 검은간토기, 수촌리 흑갈유항아리), p9(금동관모, 용원리 고리자루큰칼, 부장리 고리자루큰칼, 수촌리 고리자루큰칼), p13(쇠화살촉, 동전무늬벽돌, 색유리구슬, 화살통꾸미개), p14(공산성 추정왕궁지, 벼루), p16(흑유병, 흑유 닭모양 항아리, 오수전), p17(청동거울, 양관와위사의 새김전돌), p18(무령왕 흉상), p19(연꽃무늬벽돌), p20(진묘수), p22(금제뒤꽂이, 왕의 귀걸이, 탄목), p23(무령왕의 금동신발, 왕의 환두대도), p24(왕비의 금제관식, 왕비의 귀걸이, 팔찌, 청동다리미), p25(유리동자상, 왕의 베개, 왕의 발받침, 왕비의 베개, 왕비의 발받침), p26(금제관식, 왕의 귀걸이, 환두대도), p27(금제관식, 금제나선형 목걸이, 귀걸이, 동탁은잔), p28(금제모자모양장식, 금제네잎모양장식, 금제꽃모양장식), p29(곡옥, 금제엽형장식, 나선형 꾸미개), p31(다리작명 은제팔찌, 은제팔찌의 세부사진), p32(한성기굽다리접시, 한성기 세발토기), p33(웅진기 세발토기, 웅진기 뚜껑접시), p34(금동관음보살, 간돌검), p35(분청사기철화당초문호, 도제불상대좌), p36(가락바퀴, 그물추, 빗살무늬토기), p37(방울, 간돌검), p38(표주박모양토기, 입술모양토기, 새모양토기, 덩이쇠), 39p(검은간토기, 발굴 당시의 독무덤, 복원한 모습), p40(나무로 된 양머리 모양 장식, 요고, 가야계 토기), p41('대통'새김기와), p43(금동관음보살, 석조여래좌상, 도제불상대좌, 천불비상), p44(관음보살상), p45(분청사기철화당초문호, 분청사기철화어문병, 계룡산 지도, 금고, 도장, 꽃 모양 거울, 꺼묻거리), 46p(공주읍지, 고지도, 암행어사 김익현 장계 원본), p47(책을 보관하는 상자, 정려현판), p50~51(웅진백제 어린이 체험실), p52(국립공주박물관 옥외전시장), p53(무령왕릉 모형관, 공산성)

국립부여박물관 p37(거친무늬 거울)

국립중앙박물관 p37(한국식 동검), p47(김장생 초상)

주니어김영사 p3(국립공주박물관 전경), p34(충청남도역사문화실 전경)

미운돌멩이 p14(공산성), p48~49(무령왕릉 모형관 전경)

그림 인용 p19(무령왕릉의 구조, 사계절출판사)

초등학교 교과서와 관련된 학년별 현장 체험학습 추천 장소

1학년 1학기 (21곳)	1학년 2학기 (18곳)	2학년 1학기 (21곳)	2학년 2학기 (25곳)	3학년 1학기 (31곳)	3학년 2학기 (37곳)
철도박물관	농촌 체험	소방서와 경찰서	소방서와 경찰서	경희대자연사박물관	IT월드(과천정보나라)
소방서와 경찰서	광릉	서울대공원 동물원	서울대공원 동물원	광릉수목원	강원도
시민안전체험관	홍릉 산림과학관	농촌 체험	강릉단오제	국립민속박물관	경희대자연사박물관
천마산	소방서와 경찰서	천마산	천마산	국립서울과학관	광릉수목원
서울대공원 동물원	월드컵공원	남산골 한옥마을	월드컵공원	국립중앙박물관	국립경주박물관
농촌 체험	시민안전체험관	한국민속촌	남산골 한옥마을	기상청	국립고궁박물관
코엑스 아쿠아리움	서울대공원 동물원	국립서울과학관	한국민속촌	서대문자연사박물관	국립국악박물관
선유도공원	우포늪	서울숲	농촌 체험	선유도공원	국립부여박물관
양재천	철새	갯벌	서울숲	시장 체험	국립서울과학관
한강	코엑스 아쿠아리움	양재천	양재천	신문박물관	남산
에버랜드	짚풀생활사박물관	동굴	선유도공원	경상북도	남산골 한옥마을
서울숲	국악박물관	고성 공룡박물관	불국사와 석굴암	양재천	롯데월드 민속박물관
갯벌	천문대	코엑스 아쿠아리움	국립중앙박물관	경기도	국립민속박물관
고성 공룡박물관	자연생태박물관	옹기민속박물관	국립민속박물관	이화여대자연사박물관	삼성어린이박물관
시대문자연사박물관	세종문화회관	기상청	전쟁기념관	전쟁기념관	서대문자연사박물관
옹기민속박물관	예술의 전당	시장 체험	판소리	천마산	선유도공원
어린이 교통공원	어린이대공원	에버랜드	DMZ	한강	소방서와 경찰서
어린이 도서관	서울놀이마당	경복궁	시장 체험	화폐금융박물관	시민안전체험관
서울대공원		강릉단오제	광릉	호림박물관	경상북도
남산자연공원		몽촌역사관	홍릉 산림과학관	홍릉 산림과학관	월드컵공원
삼성어린이박물관		국립현대미술관	국립현충원	우포늪	육군사관학교
			국립4·19묘지	소나무 극장	해군사관학교
			지구촌민속박물관	예지원	공군사관학교
			우정박물관	자운서원	철도박물관
			한국통신박물관	서울타워	이화여대자연사박물관
				국립중앙과학관	제주도
				엑스포과학공원	천마산
				올림픽공원	천문대
				전라남도	태백석탄박물관
				경상남도	판소리박물관
				허준박물관	한국민속촌
					임진각
					오두산 통일전망대
					한국천문연구원
					종이미술박물관
					짚풀생활사박물관
					토탈야외미술관

4학년 1학기 (34곳)	4학년 2학기 (56곳)	5학년 1학기 (35곳)	5학년 2학기 (51곳)	6학년 1학기 (36곳)	6학년 2학기 (39곳)
강화도	IT월드(과천정보나라)	갯벌	IT월드(과천정보나라)	경기도박물관	IT월드(과천정보나라)
갯벌	강화도	광릉수목원	강원도	경복궁	KBS 방송국
경희대자연사박물관	경기도박물관	국립민속박물관	경기도박물관	덕수궁과 정동	경기도박물관
광릉수목원	경복궁 / 경상북도	국립중앙박물관	경복궁	경상북도	경복궁
국립서울과학관	경주역사유적지구	기상청	덕수궁과 정동	고성 공룡박물관	경희대자연사박물관
기상청	경희대자연사박물관	남산골 한옥마을	경상북도	국립민속박물관	광릉수목원
농촌 체험	고창, 화순, 강화 고인돌유적	농업박물관	경희대자연사박물관	국립서울과학관	국립민속박물관
서대문자연사박물관	전라북도	농촌 체험	고인쇄박물관	국립중앙박물관	국립중앙박물관
서대문형무소역사관	고성 공룡박물관	서울국립과학관	충청도	농업박물관	국회의사당
서울역사박물관	충청도	서울대공원 동물원	광릉수목원	롯데월드 민속박물관	기상청
소방서와 경찰서	국립경주박물관	서울숲	국립공주박물관	몽촌토성과 풍납토성	남산
수원화성	국립민속박물관	서울시청	국립경주박물관	민주화현장	남산골 한옥마을
시장 체험	국립부여박물관	서울역사박물관	국립고궁박물관	백범기념관	대법원
경상북도	국립서울과학관	시민안전체험관	국립민속박물관	서대문자연사박물관	대학로
양재천	국립중앙박물관	경상북도	국립서울과학관	서대문형무소 역사관	민주화 현장
옹기민속박물관	국립국악박물관 / 남산	양재천	국립중앙박물관	서울역사박물관	백범기념관
월드컵공원	남산골 한옥마을	강원도	남산골 한옥마을	조선의 왕릉	아인스월드
철도박물관	농업박물관 / 대법원	월드컵공원	농업박물관	성균관	서대문자연사박물관
이화여대자연사박물관	대학로	유명산	롯데월드 민속박물관	시민안전체험관	국립서울과학관
천마산	롯데월드 민속박물관	제주도	충청도	경상북도	서울숲
천문대	몽촌토성과 풍납토성	짚풀생활사박물관	서대문자연사박물관	암사동 선사주거지	신문박물관
철새	불국사와 석굴암	천마산	성균관	운현궁과 인사동	양재천
홍릉 산림과학관	서대문자연사박물관	한강	세종대왕기념관	전쟁기념관	월드컵공원
화폐금융박물관	서울대공원 동물원	한국민속촌	수원화성	천문대	육군사관학교
선유도공원	서울숲	호림박물관	시민안전체험관	철새	이화여대자연사박물관
독립공원	서울역사박물관	홍릉 산림과학관	시장 체험 / 신문박물관	청계천	중남미박물관
탑골공원	조선의 왕릉	하회마을	경기도	짚풀생활사박물관	짚풀생활사박물관
신문박물관	세종대왕기념관	대법원	강원도	태백석탄박물관	창덕궁
서울시의회	수원화성	김치박물관	경상북도	해인사 고려대장경과 장경판전	천문대
선거관리위원회	승정원 일기 / 양재천	난지하수처리사업소	옹기민속박물관	호림박물관	우포늪
소양댐	옹기민속박물관	농촌, 어촌, 산촌 마을	운현궁과 인사동	유니세프 한국위원회	판소리박물관
서남하수처리사업소	월드컵공원	들꽃수목원	육군사관학교	무령왕릉	한강
중랑구재활용센터	육군사관학교	정보나라	이화여대자연사박물관	현충사	홍릉 산림과학관
중랑하수처리사업소	철도박물관	드림랜드	전라북도	덕포진교육박물관	화폐금융박물관
	이화여대자연사박물관	국립극장	전쟁박물관	서울대학교 의학박물관	훈민정음
	조선왕조실록 / 종묘		창경궁 / 천마산	상수허브랜드	상수도연구소
	종묘제례		천문대		한국자원공사
	창경궁 / 창덕궁		태백석탄박물관		동대문소방서
	천문대 / 청계천		한강		중앙119구조대
	태백석탄박물관		한국민속촌		
	판소리 / 한강		해인사 고려대장경과 장경판전		
	한국민속촌		화폐금융박물관		
	해인사 고려대장경과 장경판전		중남미문화원		
	호림박물관		첨성대		
	화폐금융박물관		절두산순교성지		
	훈민정음		천도교 중앙대교당		
	온양민속박물관		한국에너지기술연구원		
	아인스월드		한국자수박물관		
			초전섬유퀼트박물관